圣德太子

大化改新与日本的崛起

———

〔日〕境野哲　著

刘笑非　李雯雯　译

中国华侨出版社

·北京·

图书在版编目（CIP）数据

圣德太子：大化改新与日本的崛起 /(日) 境野哲
著；刘笑非, 李雯雯译. -- 北京 : 中国华侨出版社,
2025.8

ISBN 978-7-5113-9081-3

Ⅰ.①圣… Ⅱ.①境… ②刘… ③李… Ⅲ.①日本—
古代史②圣德太子(Prince Shotoku 572-621)—生平事迹
Ⅳ.①K313.2②K833.137=31

中国国家版本馆CIP数据核字(2023)第193414号

圣德太子：大化改新与日本的崛起

著　　者：[日]境野哲
译　　者：刘笑非　李雯雯
出 版 人：杨伯勋
策划编辑：唐崇杰
责任编辑：张　玉
特约编辑：王　清
经　　销：新华书店
开　　本：710毫米×1000毫米　　1/16开　　印张：15.75　　字数：206千字
印　　刷：固安兰星球彩色印刷有限公司
版　　次：2025年8月第1版
印　　次：2025年8月第1次印刷
书　　号：ISBN 978-7-5113-9081-3
定　　价：69.80元

中国华侨出版社　　北京市朝阳区西坝河东里77号楼底商5号　　邮编：100028
编辑部：（010）64443056-8013
发行部：（010）64443051　　传　真：（010）64439708

如发现印装质量问题，影响阅读，请与印刷厂联系调换。

本书原名《圣德太子传》

根据丙午出版社 1917 年所出日语版译出

绢本着色圣德太子胜鬘经讲赞图。绘
于镰仓时代，绘者信息不详

序 言

　　圣德太子，是一个学者、武士、僧侣，也是一个艺术家。依笔者之见，在日本历史长河中，纵然豪杰辈出，但没有一人能与圣德太子相媲美。能为圣德太子作传，笔者感到十分荣幸。

　　本书参照了各种古籍资料，借鉴了各家之言，后又几次易稿，因此，有的地方可能条理失序。然而，编写圣德太子传记的一片赤子之心，使笔者斗胆提笔，完稿后也感到十分欣慰。

　　圣德太子虽然功盖寰宇，但不免遭到世人的曲解与猜忌。笔者的笔力也许不足以描绘圣德太子的完整人格魅力，虽明知不可为而为之，仍使笔者感到十分满足。

　　圣德太子薨去距今已有近一千三百年之久，笔者由衷地希望建立神社，供奉圣德太子，令后世景仰。因为圣德太子不仅使佛教在日本发扬光大，更为日本文明的发展做出了空前绝后的贡献。

大正六年（1917年）一月

于南无山房楼上

境野黄洋书

目 录

第 8 章　圣德太子时代之前与之后的佛教　125

第 9 章　圣德太子建立的寺院　139

第1章
绪 论

第 1 节

日本历史的三大阶段

从文化发展来看，日本历史大致可以划分为三大阶段。以大化改新、明治维新这两大历史事件为节点，大化改新之前为第一阶段，大化改新以来至明治维新之前为第二阶段，明治维新之后则为第三阶段。在大化改新、明治维新这两大历史变革期，由于受到外来文明的影响，在物质、精神等层面，日本取得了一系列显著的进步。

第2节

奈良文化的源头

其中，作为距离现在较近的一次变革，明治维新展现了日本对欧洲文明的强劲吸收力。短短三四十年内，日本完成了对欧洲文明的吸纳，最终使欧洲文明与本土文明完美融合。此番快速融合一方面取决于日本人善于吸收外来事物的精神特质，另一方面得益于日渐完善的文明传播途径。当时，交通工具的发展大大提高了国际往来的效率。文明传播不需要经年累月，而是更加便捷了。

与明治维新相比，大化改新则比较漫长。日本的飞鸟时代，即圣德太子时代，受到朝鲜文明的启发，日本开始直接引进中华文明。与此同时，飞鸟时代的政治改革初露端倪，文化风貌日渐转变，日本仿佛迎来了新的曙光。不过，直到大化改新诏令颁布后，这些改革才付诸实施。而此时，已经是圣德太子薨去二十六年之后了。然而，大化改新诏令颁布后的新政并没有立刻发挥作用。后来，颁布了《近江令》；再后来随着改革的

推进，又发展出《太宝令》及《养老律令》。至此，这场历时百年之久的政治变革终于告一段落。相比现代社会的日新月异，古代日本社会发展缓慢，百年前后的社会状况相差无几。在此期间，日本共经历了十余位天皇在位。而即便发生了壬申之乱①这种较大的动乱，大化改新也终究循序渐进、开花结果，开创了奈良文化的盛世。

　　正是在圣德太子的作用下，大化改新拉开了日本时代变革的序幕。水到渠成，于是外来文明传入，缔造了奈良盛世。

---

① 壬申之乱，日本古代发生的最大规模的内乱，发生于天武天皇元年六月二十四日到七月二十三日（672年7月24日到8月21日）。——译者注

第 3 节

日本文明史中圣德太子的功绩

历史上，曾有各种各样指责、非难圣德太子的言论。更有甚者，德川时代的儒者们将圣德太子定论为"恶人"。然而，这些言论都不能掩盖圣德太子对日本文化发展做出的贡献及其丰功伟绩。圣德太子引入外国文明，在政治上推陈出新，实行了打破氏族制度的改革创举。面对当时强盛的朝鲜半岛各国及隋朝，圣德太子采取果断、强硬的外交手段，弘扬了国威。此外，圣德太子还致力于弘扬佛教、儒教，尽管一些儒者对圣德太子恶语相向，但如果不是圣德太子的功绩在前，这些人又何来安身立论之本呢？圣德太子是新学问、新道德的倡导者，是时代的先贤。可以说，随着大化改新这次历史变革而产生的一切文明机构都源于圣德太子的超前思想。

第 4 节

明治天皇与圣德太子

    圣德太子时代的外来文明引进和明治时代的西洋文明引进有一定的共同点，那就是二者都具有打破当时落后的政治制度的作用。此外，两次文明引进的异曲同工之处有很多，从中可以看出圣德太子和明治天皇思想人格的共通性——二人都是历史缔造者。

    明治天皇罹患重疾，对国民来说是沉重的悲痛。当时，明治天皇的病情通过报纸传达给国民。他的病情伴着报童悲恸的叫卖声牵动着国民的心弦。国民都在祈祷明治天皇早日康复。宫外挤满了祈祷的民众。他们跪倒在地、虔心祈愿的情景震撼人心。最后，报纸报道了明治天皇好转无望，手指已经渐渐发紫。当时，笔者看到这份报纸后，急忙赶往皇宫，想要跟跪在皇宫外的国民一道与明治天皇道别。笔者在皇宫外与众人一起跪地哭泣的情景至今还历历在目。倘若几百年后，人们读到笔者的这段记载，或许会觉得有些夸张。但笔者作为见证者，确实是目睹了当时真实的

场景。所以读到《日本书纪》中圣德太子薨去时的记载时，笔者能想象那时的情形，笔者本人也亲历了这种超乎寻常的场景。"悉长老如失爱儿，而盐酢之味在口不尝；少幼如亡慈父母，以哭泣之声满于行路。乃耕夫止耒，舂女不杵……"这是对真实状况的描写，体现了圣德太子对百姓的感化及世人对圣德太子的无限景仰。

第 5 节

圣德太子

纵观历史，伟人们常常因后世的狂热崇拜而被理想化、神格化，其中宗教领袖尤其如此。不过，这通常发生在这些人离世很久之后，很少死后就立即被奉上神坛的。而明治天皇驾崩时，举国上下都认为明治天皇是神圣之存在，绝非凡胎。《日本书纪》编纂于圣德太子薨去的一百来年后，其中关于圣德太子神格化的描写绝不可能是编纂者的个人创造，而应该源自圣德太子离世后的民间传说。例如，《日本书纪》记载圣德太子的母亲穴穗部间人皇女在马厩中毫无痛苦地产下圣德太子。这不得不让人联想到摩耶夫人于蓝毗尼园毫无苦楚地诞下释迦牟尼。圣德太子生而能言的传说又与释迦牟尼降生后说"天上地下，唯我独尊"类似。以此种种，再加上其他超凡传说，赋予了圣德太子神格。此外，《日本书纪》还记载了圣德太子片冈山遇乞食者的故事 _(见后文)。文中写道："时人大异之曰，圣知圣，其实哉。逾惶。"意思是，乞食者其实是圣者化身，圣德太子亦是

圣者，圣者相知相惜，令时人惊叹不已。《日本书纪》的编纂者也深信圣德太子不是凡人，因此，加入"逾惶"二字。此外，当圣德太子薨去的消息传到其师高句丽僧人惠慈法师耳中时，惠慈法师评价道："以玄圣之德生日本之国……是实大圣也。"无论是前述的"有圣智"也好，"圣知圣"也罢，还是此处的"大圣也"，无外乎在反复刻画圣德太子如何超凡入圣。圣德太子这一名讳也由此而来。圣德太子之所以受到民众极度的崇拜与追慕，不仅是因为他为日本文化做出了巨大贡献，还因为他的超凡人格魅力。自古以来，未曾听闻有人非难圣德太子。对圣德太子的恶评实际上始于德川时代。当时的儒者们误以为圣德太子偏袒佛教、压制儒教，因此，不分青红皂白地攻击佛教与圣德太子。这一谬误竟在许多民众的头脑中扎了根，令笔者感到无限惋惜。

第 2 章
圣德太子系谱及生辰

第 1 节

圣德太子的父母

圣德太子是用明天皇的嫡长子，其母为穴穗部间人皇女，或称鬼前太后。穴穗部间人皇女是钦明天皇之女，与用明天皇是异母兄妹。穴穗部间人皇女有个弟弟，叫穴穗部皇子。从姐弟二人都叫"穴穗部"这一点来看，也许穴穗部是二人的成长地。不过，穴穗部后来并没有作为地名保留下来，因此，这一点也就无从考证。"间人"是土师人的假借字。野见宿祢[1]是垂仁天皇时期的廷臣，建议垂仁天皇以埴轮土偶代替活人陪葬，被垂仁天皇采纳，因此，被赐姓土师。此后，土师一族发展壮大。穴穗部间人皇女名讳里的"间人"（土师人），应该是指她由间人一族抚养长大。因此，"间人"二字实际上来自穴穗部间人皇女的乳母。《日本书纪》中还出现了泥土部穴穗部皇女的称呼，想必泥土部就是指这个土

---

① 宿祢，大和朝初期是贵人的敬称。——译者注

师。至于鬼前太后这一称呼，多半也与住所有关。鬼前即神崎，鬼的发音与神相同。穴穗部间人皇女的弟弟崇峻天皇居神前宫，穴穗部间人皇女也住在那里，因此，有了鬼前太后的称呼。关于这一点，《上宫圣德法王帝说》有如下记载：

　　此皇后同母弟长谷部（崇峻）天皇，石寸神前宫治天下。若疑其

姐穴太部王（穴穗部人皇女）即其宫坐故，称神前皇后也。

第 2 节

圣德太子的生辰

　　关于圣德太子的生辰有几种不同的说法。第一种说法认为圣德太子降生于敏达天皇元年 (572年) 的正月初一，此说见于《圣德太子传历》。第二种说法认为圣德太子降生于敏达天皇二年 (573年)，这是《日本书纪》里的记载，可信度理应更高些[①]。《古今目录抄》中也有记载，该处援引《一卷传》(又称《松子传》) 中的说法：

　　　　敏达天皇即位二年癸巳圣德御降诞。云云。

　　第三种说法认为圣德太子出生于敏达天皇三年 (574年)。笔者认为这是最可信的说法。第一种说法为了凸显圣德太子超凡脱俗，故意添油加醋说

---

① 《日本书纪》中记载圣德太子于推古天皇二十九年 (621年) 薨，享年四十九岁。据此推算，圣德太子应生于敏达天皇二年 (573年)。——原注

圣德太子是敏达天皇元年 (572年) 正月初一出生。虽然《圣德太子传历补注》也将此论奉为圭臬，但这显然是无稽之谈。那么第二种说法又如何呢？只因第二种说法考证于《日本书纪》，让人很难质疑其权威性。然而，第三种说法证据确凿，使我们不得不舍弃第二种说法。第三种说法见于《上宫圣德太子传补阙记》及《上宫圣德法王帝说》：圣德太子与其妃膳大郎女于病中祈求病愈遂发愿，建造法隆寺，寺中释迦佛像光背铭文明确记载圣德太子薨于推古天皇三十年 (622年)。并且圣德太子薨去后，圣德太子的妃子橘大郎女发愿所作天寿国曼荼罗绣帐中亦有相同记载。[①]如此推算，圣德太子诞生于敏达天皇三年 (574年) 的说法可谓确凿无疑。圣德太子诞生的地点与日期，尚无确切说法。不过，橘寺正是橘宫所在地，因此，橘寺是圣德太子诞生地的说法可能属实。至于圣德太子诞生日，正月初一的说法不足为论，除此之外无从考证，只有放弃考证了。

---

① 释迦佛像光背铭文及天寿国曼荼罗绣帐会在后文展开叙述。——原注

第 3 节

圣德太子的名讳

圣德太子的本名是厩户丰聪耳皇子。关于圣德太子本名的传说有很多。此外，圣德太子还有八耳皇子、上宫皇子等称呼，这些应该都是时人的通俗叫法，下面将一一解读。丰聪耳的"丰"取自丰苇原[①]的丰，赞美圣德太子秉性聪敏、从善如流。"八耳"则来自一个传说。据说，圣德太子能够同时听取八人的申诉并当机立断。可以看出，丰聪耳与八耳的含义基本相同。又或者，丰聪耳的"聪耳"演变成十耳，从而有了十耳皇子的说法，十耳再渐渐讹传成八耳，为了附会八耳之说进一步杜撰出了智断八人案的传说。最后，说到上宫，圣德太子之父用明天皇居池边双槻宫，圣德太子居池边双槻宫南侧的上宫，因而有上宫皇子之称。《日本书纪》云：

---

① "芦苇茂盛之原"之意。对日本国的美称。——译者注

父天皇爱之，令居宫南上殿。故称其名谓上宫厩户丰聪耳皇子。

南上殿是指用明天皇御所池边双槻宫的南侧。南比北的位次高，即圣德太子的居所比用明天皇的居所位次更高。可见，用明天皇对圣德太子宠爱之甚。[1]此外，关于上殿仍存疑，目前有两种说法：一说是用明天皇的池边双槻宫上宫，另一说是推古天皇的丰浦宫上宫。《日本书纪·用明纪》中记载"此之皇子初居上宫，后移斑鸠"，"后移斑鸠"的时间是推古天皇十三年（605年）。因此，圣德太子之前可能居住在推古天皇的丰浦宫上宫。然而，《日本书纪·推古纪》中云"父天皇爱之，令居宫南上殿"。可见，圣德太子也有可能居住在用明天皇池边双槻宫上宫。考虑到毕竟《日本书纪·用明纪》中只讲到圣德太子幼年居于上宫，晚年移居斑鸠宫，并无更多细节，故此处姑且认为上宫是指用明天皇池边双槻宫上宫。圣德太子之母穴穗部间人皇女巡视宫中，路过马官所司厩户时产下皇子，生产时全无痛楚。圣德太子遂得名厩户皇子。以《日本书纪》为代表的诸多典籍均有关于此事的记载。如果属实，厩户应该是橘宫中的马厩。然而，圣德太

---

① 《日本书纪》中上宫读作"カムヅミヤ"。然而，《上宫圣德法王帝说新注》中记载，上宫的遗址大和十市郡上之宫村字上宫寺读作"ウエノミヤ"。《上宫圣德法王帝说新注》中将上宫解释为用明天皇下令建造的结构精良的御所。然而，结构上等的说法是否可信呢？如果将上宫中的"上"解释为方位上的上等，那么读作"ウエノミヤ"亦无妨。《古事记》中也出现了"ウエノミヤ"的注音，说明两种音注含义相同。——原注

子生于厩户的真伪值得怀疑。[①]此外，圣德太子还有圣德王、法王、法主王等称号。法王、法主王显然是后人的叫法。有的说法认为圣德是太子的谥号。然而，当时根本没有封谥号的惯例，当然也不会是后世追封，这种说法显然毫无历史依据。至于圣德王，圣德太子薨去后不久建成的法起寺的佛塔露盘铭文中已经出现了"上宫太子圣德皇"的记载[②]。还有的记载中使用圣王，这些应该都是圣德太子死后后人的尊称。圣王、圣德皇、圣德法王、圣德太子的含义是相同的。

---

① 该说法本身就比较怪异。最近久米邦武博士指出这种传说也许借用了基督教的《圣经》故事，既耶稣也诞生于马厩。久米邦武博士的主张着实新颖。基督教虽然源于犹太教，但其中许多故事传说实则源自印度。学者们已经考证，所罗门王"智断亲子案"的故事就是从印度传来的。由此及彼，耶稣马厩诞生说会不会也是源于印度？可以推测，这个故事向东传到日本成了圣德太子本名来源的依据，向西传播则有了耶稣诞生的故事。并且圣德太子"智断八人案"与所罗门王"智断亲子案"的故事多有异曲同工之妙，也很有印度的风格。不过，这些都是无从考证的猜测，笔者试着整理记录于此。——原注
② 不过，法起寺的兴建时代仍有疑点，后文详述。——原注

第 4 节

圣德太子的家族

圣德太子兄弟众多，并且子嗣众多，系谱关系见下图。

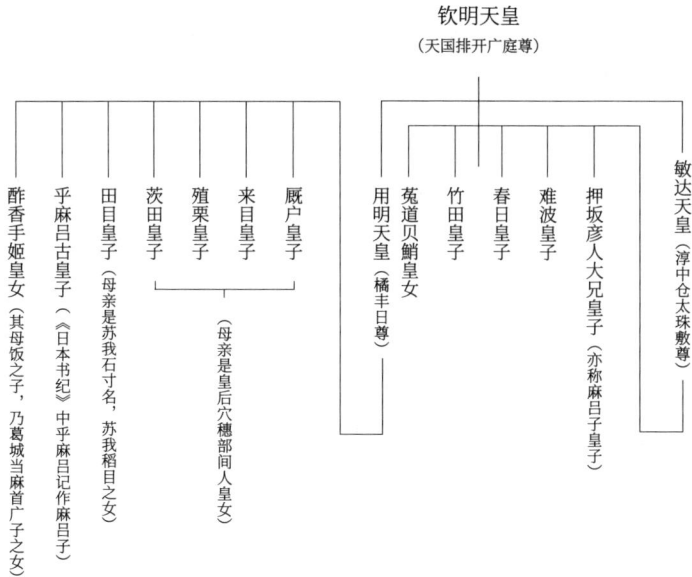

钦明天皇
（天国排开广庭尊）

酢香手姬皇女（其母饭之子，乃葛城当麻首广子之女）

平麻吕古皇子（《日本书纪》中平麻吕记作麻吕）

田目皇子（母亲是苏我石寸名，苏我稻目之女）

茨田皇子

殖栗皇子

来目皇子

厩户皇子

（母亲是皇后穴穗部间人皇女）

用明天皇（橘丰日尊）

菟道贝鲷皇女

竹田皇子

春日皇子

难波皇子

押坂彦人大兄皇子（亦称麻吕子皇子）

敏达天皇（淳中仓太珠敷尊）

第 5 节

圣德太子的妃嫔及子女

　　《上宫圣德法王帝说》记载圣德太子共有三位妃，膳大郎女、刀自古郎女和橘大郎女。此外，《日本书纪》中记载敏达天皇与推古天皇之女的菟道贝鲭皇女也曾嫁给圣德太子，不过二人未诞下子嗣。然而，《日本书纪》中还记载菟道贝鲭皇女别名菟道矶津贝皇女，而敏达天皇与息长真手王之女广姬皇后所生子嗣中也有一个叫菟道矶津贝皇女，这难道是同名的两个人吗？恐怕不是。广姬皇后所生皇女的名字被误认为是菟道贝鲭皇女①。这种误记类似《古事记》中的宇治王②。《皇代记》中称广姬皇后之女为菟道皇女，也印证了这一点。

　　下图为圣德太子的子嗣。

──────────

① 故而人们将菟道矶津贝皇女误认为菟道贝鲭皇女的别名。——原注
② 宇治王，即菟道稚郎子，应神天皇之子，生卒年月不详。其名有多种记载，《古事记》中为宇迟能和纪郎子，《日本书纪》中为菟道稚郎子皇子，《日本后纪》中为宇治稚郎子等。——译者注

厩户皇子（圣德太子）的系谱图

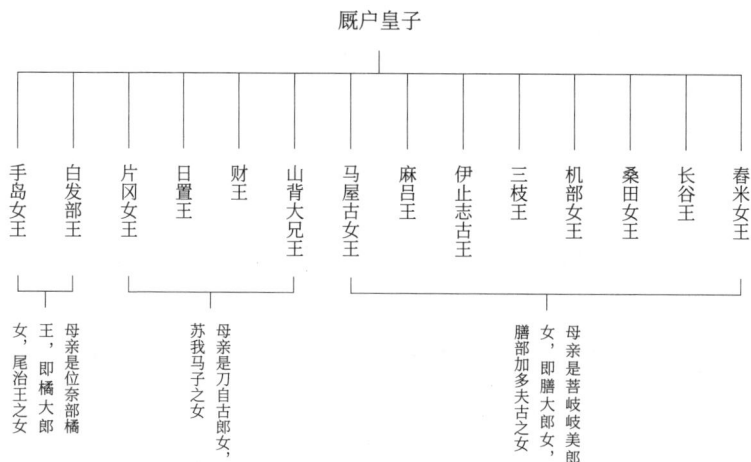

厩户皇子

手岛女王　白发部王　片冈女王　日置王　财王　山背大兄王　马屋古女王　麻吕王　伊止志古王　三枝王　机部女王　桑田女王　长谷王　春米女王

母亲是位奈部橘王，即橘大郎女，尾治王之女

母亲是刀自古郎女，苏我马子之女

母亲是菩岐岐美郎女，即膳大郎女，膳部加多夫古之女

　　如图所示，圣德太子子嗣共十四人。其中波止利女王，除《上宫圣德法王帝说》中使用该称呼外，其余典籍均使用机部女王，本书沿用机部女王的称呼。诸皇子中，山背大兄王最德高望重。山背大兄王娶了自己的庶妹春米女王。《上宫圣德法王帝说》记载二人共育七子，分别为南波麻吕古王、麻吕古王、弓削王、佐佐女王、三岛女王、甲可王、尾治王。《皇胤绍运录》中记载佐保女王也是山背大兄王之子。《上宫圣德太子传补阙记》《圣德太子传历》中也出现了佐保女王。

　　山背大兄王最终被苏我入鹿设计杀害。这次事变[①]中遇难的王族，男女

---

① 苏我入鹿反对圣德太子一族推行的中央集权化政治改革，试图拥立对自己言听计从的古人大兄皇子。在苏我入鹿的设计之下，山背大兄王被迫于斑鸠寺自杀，圣德太子一族遭到清洗。——译者注

共计二十三人，圣德太子一门遭受灭顶之灾。遇害者中，圣德太子的兄弟姐妹有：

殖栗王、茨田王、乎麻吕古王^①、酢香手姬女王。

圣德太子的子女有：

春米女王、近代王（长谷王）、桑田女王、机部女王、三枝王、财王、日置王、片冈女王、白发部王、手岛女王。

而山背大兄王的子嗣八人（包括佐保女王）更是无一幸免。至此，圣德太子的家族及后嗣二十三人尽死于非命，实在是惨绝人寰。^②田目皇子与圣德太子之子伊止志古王并没有出现在苏我入鹿之乱中，两位皇子应该是在苏我入鹿清洗圣德太子一族之前就已经离世。《圣德太子传历补注》中将三枝王称作伊等斯古王，不过，这种说法无凭无据，不足为信。以上是《上宫圣德太子传补阙记》《圣德太子传历》中记载的遭难诸皇子的大致情况。

《日本书纪》中记载，来目皇子在推古天皇年间出征讨伐新罗，兵至九州。然而，来目皇子在征途中不幸染病，最终病逝于九州。以上是关于圣德太子兄弟姐妹、子嗣的全部记载。《徒然草》等书中常说圣德太子没有子嗣。从结果上来讲，我们当然不能否定这个结论。根据史料记载，圣德太子一族实际上遭到了惨绝人寰的清洗。

上面列举了圣德太子的四位妃，菟道贝鲥皇女、膳大郎女、刀自古郎女和橘大郎女。此外，有记载说膳三穗郎女、高桥妃也是圣德太子的妃。实际上，高桥妃等同于高阶妃，就是指膳三穗郎女。《法轮寺流记

---

① 《上宫圣德太子传补阙记》称卒麻吕。——原注

② 《太子传补阙记》中将三枝王记作三枝末吕古王，是否将三枝王与麻吕王混淆尚不能确定。不过，除三枝王外，《圣德太子传历》中还出现了三枝末吕古王和马屋女王，共计二十五人遇害。《上宫圣德法王帝说》记载的遇害人数为十五人，而《太子传补阙记》记载为二十三人。——原注

资财帐》中出现了"三穗郎女"，并指明她是膳大郎女的妹妹。照此算来，圣德太子共有五妃[1]。尽管《古今目录抄》有二妃、三妃之说，但汇总诸典籍后共发现圣德太子有五位妃子。

---

[1]　有说法称高桥妃是苏我大臣之女，即膳妃。然而，这种说法亦不足为论，关于更多高桥妃的讨论请参照第十章末尾。——原注

第 6 节

南岳禅师转世

很早之前就流传着一个说法，认为圣德太子是中国南岳慧思禅师转世。慧思禅师是中国佛教史上举足轻重的人物，他是天台宗实际创始者、中国佛教教理体系集大成者，智顗禅师（别称天台大师）的师父。天台宗以龙树菩萨为初祖，慧文禅师为二祖，慧思禅师为三祖。关于慧文禅师的记载散落不详，而中国天台宗有记载的最早人物其实是慧思禅师，其弟子天台大师诵《法华经》，豁然开悟，遂开宗立派。因此，称天台宗始于慧思禅师也不为过。慧思禅师圆寂于南朝陈宣帝太建九年（577年）六月，正值中国战乱四起的南北朝时代，享年六十四岁。慧思禅师圆寂之年对应的是日本敏达天皇六年（577年），那时圣德太子已经四岁。因此，慧思禅师转世一说在逻辑和时间上都说不通。很早就有学者指出了这个漏洞。

话又说回来，这个说法委实由来已久。据《扶桑略记》记载，鉴真和尚东渡日本期间就曾传播过这个说法。鉴真和尚于孝谦天皇年间东渡日

本，距离圣德太子离世有一百二三十年，所以该说法及关于此的种种传说其实真假难辨。《扶桑略记》还记载，天台宗慈觉大师圆仁呈给朝廷的奏章中也讲到圣德太子是慧思禅师转世。不过，稍早于慈觉大师圆仁年代的淳和天皇天长二年（825年）的太政官符[1]也记载，时人[2]皆以圣德太子为慧思禅师之化身。这样看来，至少早在天长年间（824—834）之前，圣德太子是慧思禅师转世的说法就已经广为流传。天长时代距今[3]大约一千年之久，晚于圣德太子时代二百多年。究竟从何时起，又为何会产生这个传说，现在已无从知晓。真要追究圣德太子和慧思禅师的关系，只能说慧思禅师是与《法华经》渊源甚深的天台祖师之一，而圣德太子也为《法华经》作过注，这便是二人的联系了。鉴真和尚的主要功绩是将四分律宗传入日本，同时他身为天台宗学者，也是首次将天台宗典籍带到日本的人，因此，与《法华经》也有联系。归根到底，大可不必为这样一个传说费尽周章，权且作为圣德太子传记的逸闻趣事记录于此罢了。其他更多关于《法华义疏》的信息将在相关章节中展开说明。

---

① 太政官公文，日本律令制下太政官给所辖官署下达的公文。——译者注
② 指圣德太子时代的世人。——原注
③ 指作者生活的年代。——译者注

第 3 章
圣德太子的幼年时代

　　关于圣德太子生平的记载，大多是圣德太子被推古天皇立为太子、总摄朝政之后的史实。圣德太子自二十岁起总揽朝纲，于推古天皇时代完成了一系列政治、宗教上的重大创举，只可惜他二十岁前的生平几乎无从考证。不过有一处，那就是天庆六年（943年），朱雀天皇宴请群臣，席间讲读《日本书纪》并以各卷中的事迹为题赋歌，其中右中辨大臣藤原师尹以圣德太子为题，歌曰：

　　　　繁花易败，松柏常青。

　　这出自圣德太子幼年时随父用明天皇游园的典故。用明天皇以园中桃花发问，圣德太子答曰：桃花之美是短暂的，而松柏之翠绿经久不变，终是松柏更胜一筹。这个典故《圣德太子传历》中有记载，伴信友翁在著作《比古袋衣》中论述到早期《日本书纪》中可能也有记载[①]。

---

① 天庆六年（943年）的《日本书纪》中可能记载了该典故与和歌，现在的《日本书纪》中没有这段内容。——原注

第 1 节

《日本书纪》的文风

　　但凡伟人事迹，多半会被后人添油加醋，从而越发偏离事实，甚至
衍生出各种奇谈怪论。宗教人物尤其如此，因为宗教追随者往往异常狂
热。《日本书纪》几乎是我们研究日本古代历史的唯一依据。《日本书
纪》大约成书于圣德太子离世一百年后。即便如此，就连《日本书纪》这
样的正史典籍都不免载入了各种关于圣德太子的奇谈。比如，关注与圣德
太子的名字——厩户的传说，姑且不论这是从基督教《圣经》借来的还是
从印度《本生谭》[①]引入的，《日本书纪》中做了如下附会：

　　　　皇后怀妊开胎之日，巡行宫中，至于马官，乃当厩户而不劳
　　忽产之。

① 《本生谭》，十二部经之一，讲述过去世受生为各种不同身形及身份而行菩萨道的故事。——
译者注

这可谓是奇迹般的传说了，又如：

> 生而能言有圣智，及壮一闻十人诉，以勿失能辨，兼知未
> 然[1]。

诸如此类的记载，可谓奇迹中的奇迹。这里的"圣智"不是指一般意义上的"极其智慧"，是指圣者的智慧；圣者是指观世音菩萨。这体现出《日本书纪》的编纂者将圣德太子视为神佛化身，断不是肉眼凡胎。圣德太子离世百年之后，《日本书纪》的记录已经如此天马行空，足以看出世人对圣德太子深深的景仰之情，也足见圣德太子的巨大感召力。"生而能言"的记载，应该是引自释迦牟尼降生的典故。释迦牟尼诞生时向四方行七步，并说："天上地下，唯我独尊。"此外，八人之诉及"兼知未然"，无一不是奇谈。读者不妨置之一笑。《日本书纪》中同样记载了关于圣德太子薨去时的神奇经过，具体将在后文展开说明。[2]

---

[1]　指圣德太子能够预言未来，知晓尚未发生的事。——译者注
[2]　《日本书纪》编纂于元正天皇养老年间，距离圣德太子离世仅百余年而已。——原注

第 2 节

拜南无佛像、会百济使者日罗

《日本书纪》尚且如此，更不用说其他的史籍了。《日本书纪》以后的史籍中，关于圣德太子幼年时期的记载无不充斥着奇妙之谈，毫无真实性可言。比如，其中有名的一段是，圣德太子二岁（《圣德太子传历》）又或者三岁（《上宫圣德太子传补阙记》）时，向东合掌稽首，称南无佛而再拜。这甚至还有相应的画像。还比如，相传敏达天皇十二年（583年），有个叫日罗的百济使者来日本朝见。日罗具有非凡的才智，与圣德太子结下了不解之缘。[①]这一年圣德太子年仅十岁，因此，和日罗结下不解之缘的说法显然荒谬至极。关于

---

① 日罗本来是九州苇北的国造（地方官）阿利斯登之子，被派遣到百济，在复兴任那计划中，于敏达天皇十二年（583年）被召回日本。敏达天皇垂问日罗关于征讨三韩的事情。由于泄露了国家机密，日罗后来被其手下一名百济随从暗杀。传说，由于日罗周身环绕着光明，状如火焰，刺客费了很大力气才将他杀掉。此说法可能源于"日罗"这个名字。相传，一见到圣德太子，日罗便大呼："敬礼救世观世音！传灯东方栗散国。"日罗身上放出大光，圣德太子眉间也放光，如日晖。圣德太子还说："昔在汉，彼为弟子。"《扶桑略记》及后来的诸史中记载了这些奇迹传说。——原注

更多圣德太子的奇迹传说，《圣德太子传历》应该是最详尽的。笔者在此就不再赘述了。

第 3 节
十六岁祈祷像

　　还有一个广为人知的事情是圣德太子自幼孝顺，十六岁那年他的父皇用明天皇病重，"太子不解衣带，日夜侍病。天皇一饭，太子一饭。天皇再饭，太子再饭。擎香炉祈请，音不绝响"[①]。

　　《扶桑略记》也有相同的记载。据说，《扶桑略记》中的画像描绘的就是圣德太子十六岁时祈祷的样子。这个故事发生在用明天皇驾崩前，也就是其即位第二年 (587年)，照此推算圣德太子当时应该是十四岁。因此，究竟这个故事整个都是编造的，还是只有年龄搞错了，尚不可知。总之，净土真宗各派争相供奉这尊所谓圣德太子十六岁手捧香炉祈祷像，并将其与师祖亲鸾上人[②]及印度、中国的七大高僧像并列摆放。

---

① 　出自《圣德太子传历》。——原注
② 　亲鸾上人 (1173—1262)，日本镰仓时代的佛教家，被尊为净土真宗师祖。——译者注

第 4 节

净土真宗与圣德太子

为何净土真宗会供奉圣德太子祈祷像，从何时起开始供奉此像，这些问题都毫无头绪。已知的是亲鸾上人极度崇拜圣德太子，甚至在他所作的《和赞》中专门以《皇太子圣德奉赞》为题撰文赞美圣德太子。亲鸾上人认为圣德太子是日本佛教元祖，并非常崇敬圣德太子。后世众生之所以能够皈依弥陀他力①，从而往生净土，说到底还是因为圣德太子的功德。亲鸾上人在文章中写道：

和国教主圣德皇，广大恩德难报谢。

我一心归命于彼，奉赞不退心不疲。

上宫皇子行方便，哀怜和国诸有情。

---

① 弥陀他力，佛教用语。指佛菩萨用以指引众生开悟的力量、加护。也称本愿他力。——译者注

弘宣如来大悲愿，应该庆喜而奉赞。

多生旷劫至此世，蒙受悲愍之此身。

一心归命无二意，奉赞庆喜不间断。

蒙圣德皇所怜悯，护持养育不间断。

随顺劝勉而归入，如来二种之回向。

那么，圣德太子和净土真宗到底有没有关联呢？如果有，第一个线索应该是圣德太子妃橘大郎女的天寿国曼荼罗是净土曼荼罗；第二个线索则是圣德太子的师父惠慈法师曾讲到西方往生，这从侧面印证了圣德太子信仰西方往生的事实。[1]但净土真宗本来是排斥现世祈祷的，按理说没有理由供奉圣德太子祈祷像。有人认为，亲鸾上人自己刻出这尊雕像并供奉于法隆寺内，此后一直沿用该祈祷像。然而，这也是妄加猜测罢了。还有人认为祈祷像只是为了凸显圣德太子的深厚孝心，这个说法又过于牵强。总之，圣德太子被视为日本佛教元祖，但其本人非僧非俗，这一点与亲鸾上人如出一辙。细想之下，净土真宗供奉圣德太子祈祷像其实并非源于亲鸾上人时期，而应该是更晚的时代。[2]

---

[1]　听闻圣德太子薨去的消息后，惠慈法师就说自己翌年将到净土与其相会。——原注

[2]　慧空在《丛林集》中说，东本愿寺藏有圣德太子十六岁自画像，此说不足为信。——原注

第 5 节

圣德太子儒佛之师

关于圣德太子少年时的记载表明，圣德太子师从汉学博士觉哿 _{（有的文} _{本误记作"学架"）}学习儒学，师从惠慈法师学习佛学。觉哿其人，并无详细记载。《圣德太子传历补注》中只说他是高句丽的儒者[1]，在圣德太子四岁时来日本朝见，卒于推古天皇三十一年 _{（623年）}，但这些都无从考证。佛学老师惠慈法师是高句丽人，于推古天皇三年 _{（595年）}来到日本，适逢圣德太子二十二岁摄政期间。这样看来，圣德太子并没有从年少时起就接触佛学。当时，惠慈法师与从百济来到日本的惠聪一同被视为佛学传播的人才，他们都是举足轻重的学者。此后，惠慈法师留在日本生活了二十年，于推古天皇二十三年 _{（615年）}返回高句丽。惠慈法师返回高句丽后的第七年 _{（622年）}，圣德太子去世。这个消息传到高句丽，惠慈法师听闻后悲恸异

---

① 　还有说法称他是百济人，但无从考证。——原注

常，发愿来年 (623年) 二月五日往生极乐净土与圣德太子会合。据传，惠慈法师真的在这一天死去，《日本书纪》中有如下记载：

是以时人之彼此公言，其独非上宫太子之圣，惠慈亦圣也。

这也是《日本书纪》各种关于圣德太子超凡描写中的一件，形容圣德太子不是凡人。此处的二月五日本应指圣德太子去世的日期，但圣德太子实际去世的日期是二十二日。这一点将在后文中详细说明。这也是《日本书纪》的谬误之一[①]。百济的惠聪也是圣德太子的佛学老师。他与惠慈法师同时来到日本，同样满富盛名，也教导过圣德太子，这是不容忽视的事实。

上面已经交代了各传记中关于圣德太子年少时的记载。其间充斥着奇谈怪论，笔者无意过多追究。话虽如此，笔者还是列举了一些耳熟能详的事迹进行了简单讨论。总之，可以说，厩户皇子被立为太子之前的事迹，我们一无所知，这应该是最准确的解读了。

---

① 不过，《太子传补阙记》中记载惠慈法师说的的确是二十二日。——原注

第 4 章
苏我马子弑君与圣德太子

　　苏我马子弑杀崇峻天皇这一历史事件，对圣德太子的一生产生了重大影响。尽管圣德太子对日本文明做出了不可否认的巨大贡献，但仍不时遭到儒者及神道者的非难，究其原因是笃信佛法的圣德太子忽视苏我马子弑君、对其不予追究的罪过。甚至有人采用了春秋笔法，认为从某种意义上来讲，是圣德太子弑杀了崇峻天皇。

第 1 节

儒者对圣德太子的评论

　　德川时代的儒者对苏我马子弑君与圣德太子的关系做了种种议论，下面将列举一二。首先，林道春在《苏马子辩》中写道：

　　林子曰，八耳弑天皇。或曰，国史书曰，马子弑崇峻天皇，其不同何也。林子对曰，八耳弑天皇，是春秋之法也……按八耳太子曰，苏氏可谓奢侈，然愿陛下以忍恕，覆亿兆者仁也。及天皇语之以猪头斩脔之言。先马子而不讨之，而使其如是不武也……其后马子疾革。太子使其剃发，自授具戒，于是乎太子之党马子也明矣。何薄于天皇而厚苏氏乎？是亦好佛之罪也。夫乌乎此事，若经圣人之笔削，则必书曰，崇峻天皇五年冬十有一月乙巳，太子八耳弑天皇。故林子曰，八耳弑天皇。

该段提到的圣德太子劝说崇峻天皇戒急用忍及在苏我马子生病时行具足戒[1]都是可笑的讹传。以此等虚诞妄言作为论据，委实奇怪。平田笃胤在《出定笑语》中做了类似的论述。此外，物徂徕的《拟家大连檄》[2]一文中说道：

> 维皇子，惟孔穗穴穗部皇子贤最长，叙当嗣。故守屋敬奉立焉。则神明之宗，大行天皇之嗣也。尔辈其共奉之，弑大行天皇者驹东汉直驹。大臣马子实使焉，则臣子不共戴天之仇也。尔辈其共讨之。皇子丰聪以其猥巧小慧，蚤窃舆诵而觊觎于天位。挟以左道，诪张为幻，以扇乎齐民。实繁有徒，马子乃其母太后将以奉之也。则纵贼弗讨，诿以因果，是其心必谓。其次我也，端本探始。几乎为主，尔辈盍讨之。

文中谈到苏我马子弑杀崇峻天皇后，圣德太子试图用因果之论进行粉饰，对这一石破天惊的变故持无可奈何的态度。然而，这不过是经不起推敲的讹传。文中还说，物部守屋想要拥立穴穗部皇子，从而声称他是"最年长、最贤德"的皇子，这个说法也有纰漏。再者，圣德太子是否真像物徂徕所说，觊觎皇位并与苏我马子勾结？目前为止，学者们已经对这个问题有了共识，下面将展开介绍。苏我马子弑君，发生在圣德太子被册立为太子的前一年 (592年)，也就是其十九岁那一年。

---

① 具足戒，出家人成为比丘及比丘尼时应奉行的规则和所持戒律。——译者注
② 家大连是对大连物部守屋 (物部守屋，日本古坟时代的豪族，物部尾舆之子，官位大连。参政期间主张废佛，与崇佛派的苏我氏对立) 的戏称。——原注

第 2 节

苏我马子弑君

《日本书纪》中关于苏我马子弑君的记载如下：

> 五年冬十月癸酉朔丙子，有献山猪。天皇指猪诏曰："何时如断此猪之颈，断朕所嫌之人。"多设兵杖，有异于常。
>
> 壬午（十日），苏我马子宿祢闻天皇所诏，恐嫌于己，招聚党者，谋弑天皇。
>
> 十一月癸卯朔乙巳，马子宿祢诈群臣曰："今日进东国之调。"乃使东汉直驹杀于天皇。是日葬天皇于仓梯冈陵。

这就是事情的始末。从此处衍生出一说：

大伴①嫔小手子恨宠之衰，使人于苏我马子宿祢曰，顷有献山猪。天皇指猪曰，如断猪头何时断朕思人。且于内里大作兵杖。于是马子宿祢听而惊之。

《日本书纪》中的记载表明崇峻天皇先有杀苏我马子之意，苏我马子闻风后率先发难，弑杀崇峻天皇。而衍生出的说法认为大伴小手子出于嫉妒，向苏我马子编造谎言，致使宫变发生。无论如何，崇峻天皇与苏我马子之间积怨甚深，以致一妇人挑唆就可以酿成如此惨祸。崇峻天皇憎恨苏我马子，苏我马子也怨怒崇峻天皇，这一点毋庸置疑。话又说回来，崇峻天皇与苏我马子为何如此水火不相容，以致最终反目呢？原因是不是苏我马子诛杀物部守屋后专横跋扈致使龙颜震怒，那就不得而知了。归根结底，这里面牵扯到复杂的党派纷争。

---

① 大伴，日本古代氏族之一，大和朝廷以来的武门世家。大伴原意是"大的伴造"，作为首领统率朝廷直隶的众多伴部。——译者注

第 3 节

穴穗部皇子的野心

钦明天皇时代，佛教从百济传到日本。以此为开端，苏我氏与物部氏开始互相排挤，两大党派出现严重分裂。与此密切相关的是，关于皇位继承，皇室也出现了不同意见，而正是穴穗部皇子一党点燃了纷争的导火索。钦明天皇驾崩后敏达天皇即位。敏达天皇是钦明天皇与皇后石姬皇女（宣化天皇之女）所生之子，所以朝野上下对敏达天皇即位并无异议。敏达天皇病重临危之际召见了大兄皇子（即用明天皇），言道：

　　不可违背考天皇敕，可勤修乎任那①之政也。

这就是敏达天皇的遗嘱，托后事于大兄皇子。任那问题是钦明天皇以

---

① 任那，历史学上指古代朝鲜半岛南部的一片地区，曾受古代任那日本府统治。——译者注

来日本外交上的一大突出问题，因此，遵考父钦明天皇遗诏，敏达天皇在遗嘱中令新天皇处理此外交问题。随后，敏达天皇于敏达天皇十四年 (585年) 八月驾崩。用明天皇于同年九月即位。对此，穴穗部皇子首先表露不服。用明天皇即位前，也就是敏达天皇的遗骨迁入殡宫之时，敏达天皇的宠臣三轮君逆派隼人守卫殡宫。[①]《日本书纪》记载：

> 穴穗部皇子欲取天下。发愤称曰："何故事死王之庭，弗事生王之所也。"

"死王"是指敏达天皇，"生王"则指穴穗部皇子本人。佛教传入日本后，苏我氏的对头——物部氏，即当时的大连[②]物部守屋拥戴的皇子及物徂徕盛誉为"最年长、最贤德"的穴穗部皇子实则是狼子野心。物徂徕不惜替拥立穴穗部皇子的物部守屋起草檄文，并在文中攻击苏我马子和圣德太子，颠倒是非地声称是圣德太子觊觎皇位。然而，关于圣德太子的记载中，无论是正史还是传说，都并无片言为证。

---

① 三轮氏是神武天皇以来的大族，实力深厚。隼人是九州萨摩大隅地方的原住民，体格彪悍，自古以来作为军人被朝廷征用。——原注
② 日本大和朝廷中参与国政中枢的最高官员。由姓连的氏族中最有权势者就任。——译者注

第 4 节

苏我稻目两个女儿与两大分支

除皇后石姬皇女之外，钦明天皇还有五位妃嫔。五妃之中，苏我坚盐媛与其妹苏我小姊君都是苏我稻目之女。钦明天皇与苏我坚盐媛共育七男六女，与苏我小姊君共育五男一女。人物姓名如下图：

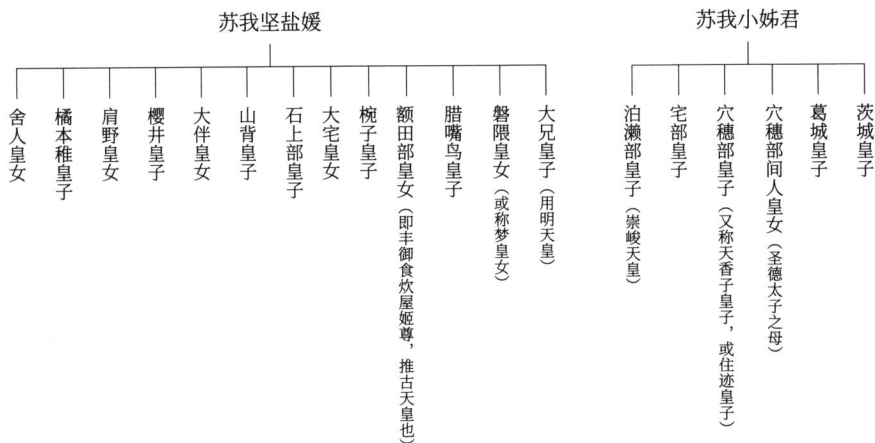

苏我坚盐媛
- 舍人皇女
- 橘本稚皇子
- 肩野皇女
- 樱井皇子
- 大伴皇子
- 山背皇子
- 石上部皇子
- 大宅皇女
- 椀子皇子
- 额田部皇女（即丰御食炊屋姬尊，推古天皇也）
- 腊嘴鸟皇子
- 磐隈皇女（或称梦皇女）
- 大兄皇子（用明天皇）

苏我小姊君
- 泊濑部皇子（崇峻天皇）
- 宅部皇子
- 穴穗部皇子（又称天香子皇子，或住迹皇子）
- 穴穗部间人皇女（圣德太子之母）
- 葛城皇子
- 茨城皇子

　　关于宅部皇子，《日本书纪》的注中记载："宅部皇子，桧隈天皇（宣化天皇）之子，上女王之父也，未详"。如果宅部皇子是宣化天皇之子，那么此时应该已经有六七十岁，这在逻辑上说不通。《皇胤绍运禄》记载宅部皇子的父亲是钦明天皇，母亲是苏我小姊君。这个说法的依据尚不明确，不过从历史前后发展来看还是比较可信的。因此，此处暂且采纳。从此图中，读者可以立即察觉到，苏我坚盐媛生了用明天皇和推古天皇，苏我小姊君生了穴穗部皇子及穴穗部皇子的支持者宅部皇子。不难发现，皇位之争其实发生在苏我坚盐媛一支与苏我小姊君一支之间[①]。可见，物部氏拥立苏我小姊君之子，苏我氏拥立苏我坚盐媛之子，双方的对峙局面已经形成。

---

① 泊濑部皇子，即后来的崇峻天皇，最初也曾协助穴穗部皇子。后文还会说明。——原注

第 5 节
穴穗部皇子与物部守屋的勾结

　　用明天皇即位时，穴穗部皇子已有篡位野心，以致说出"弗事生王之所"。不过，此时穴穗部皇子与物部守屋尚未串通，他们相互勾结应该是发生在用明天皇即位以后。用明天皇不幸罹患热病（后文详述），在位仅两年就驾崩了。穴穗部皇子认定时机已经成熟，于是在物部守屋的协助下谋划夺位之事。在《日本书纪》中，关于穴穗部皇子当时的所作所为有如下记载：

　　穴穗部皇子，欲奸炊屋姬皇后（推古天皇），而自强入于殡宫。宠臣三轮君逆，乃唤兵卫重琐宫门拒而勿入。穴穗部皇子问曰："何人在此。"兵卫答曰："三轮君逆在焉。"七呼开门遂不听入。于是谓大臣与大连曰："逆频无礼矣。"于殡庭诔曰，不荒朝廷净如镜面，臣治平奉仕，即是无礼。方今天皇子

弟多在，两大臣侍，谁得恣情专言奉仕。又余观殡内，拒不听入。自呼开门七回不应，愿欲斩之。两大臣曰："随命。"于是穴穗部皇子阴谋王天下之事，而口诈^①在于杀逆君。遂与物部守屋大连，率兵围绕磐余池边（用明天皇居所双槻宫处）。逆君知之隐于三诸之岳，是日夜半潜自山出隐后宫（谓炊屋姬皇后之别业，是名海石榴市宫）。逆之同姓白堤与横山，言逆君在处。穴穗部皇子即遣守屋大连（或本云，穴穗部皇子与泊濑部皇子相计而遣守屋）曰："汝应往讨逆军并其二子。"大连遂率兵去。苏我马子宿祢外闻斯计，诣皇子所即逢门底（谓皇子家门也）。将之大连所，时谏曰："王者不近刑人，不可自往。"皇子不听而行，马子宿祢即便随去。到于磐余（行至于池边也）而切谏，皇子乃从谏止。仍于此处踞坐胡床待大连焉。大连良久而至，率众报命曰，斩逆等讫（或本云，穴穗部皇子自行射杀）。于是马子宿祢恻然颓叹曰："天下之乱不久矣。"大连闻而答曰："汝小臣之所不识也〔此三轮君逆者，译语田天皇（敏达）之所宠爱，悉委内外之事焉，由是炊屋姬皇后与马子宿祢俱发恨于穴穗部皇子也〕。"

这个骚动发生在用明天皇即位那年（585年）的五月，是穴穗部皇子与物部守屋的第一次联合行动。此次行动远不止诛杀三轮君逆这么简单。穴穗部皇子是想借此机会，派兵包围皇宫，争夺皇位。三轮君逆谙晓其中的阴谋，所以逃到宫外。穴穗部皇子与物部守屋的所作所为实乃大逆不道，而苏我马子当时的考量与立场令人叹服。苏我马子之所以说"天下之乱不久矣"，是因为所虑之事并不是诛杀三轮君逆，而是其背后隐藏着的穴穗部

---

① 借口。——译者注

皇子的野心。穴穗部皇子欲奸敏达天皇皇后在前，硬闯嫔宫被忠臣三轮君逆拦阻，遂又毁谤并诛杀三轮君逆在后。穴穗部皇子甚至还趁机策划篡权夺位。而一些儒者荒谬地认为穴穗部皇子是"最年长、最贤德"的皇子，将协助他篡位的物部守屋视为国家栋梁，实在是信口雌黄。

第 6 节

穴穗部皇子再生异心

　　用明天皇二年 (587年) 四月，用明天皇驾崩。此时太子人选已定，并不是穴穗部皇子。太子人选是敏达天皇的皇长子押坂彦人大兄皇子。用明天皇病中，物部守屋一派的中臣胜海命人制作太子押坂彦人大兄皇子和竹田皇子的人身像，并对其施咒。物部守屋一派试图用诅咒之法除掉押坂彦人大兄皇子，从而将穴穗部皇子推上太子之位。《日本书纪》关于此事的记载中出现的是"太子彦人皇子"，虽然并没有明确记载押坂彦人大兄皇子册立时间，但押坂彦人大兄皇子是太子的事实应该确凿无疑。除《日本书纪》外，《古事记》中也明确出现了"忍坂日子人太子"的称呼，"日子人太子娶庶妹田村王亦名糠代比卖命"，也证实了押坂彦人大兄皇子的太子身份。用明天皇驾崩后，穴穗部皇子与物部守屋合谋取太子——押坂彦人大兄皇子——而代之，祸乱从此开始。事态最终发展到不可调和的地步，物部氏、苏我氏两派的战争爆发了。《日本书纪》中记载了谋太子之

事，如下：

> 二年夏四月橘丰日天皇（用明天皇）崩。五月物部大连军众三度惊
> 骇。大连元欲去除皇子等，而立穴穗部皇子为天皇。及至于今，
> 望因游狩而谋替立。密使人于穴穗部皇子曰，愿与皇子将驰狩于
> 淡路。谋泄。

字句确凿。物部守屋谋划假托游猎之名而起兵。在物部守屋有所行动前，朝中已经有人想要取他性命。物部守屋知晓此事，并屯兵于阿都①的别邸。中臣胜海负责对押坂彦人大兄皇子与竹田皇子的人身像施咒，眼见形势不利便临阵倒戈，投向了押坂彦人大兄皇子一方。最后，在一次归途中，中臣胜海被迹见赤梼②所杀。物部守屋拥立穴穗部皇子，他想要打击的对象不止一人，不过这次密谋打击的主要对象仅为太子押坂彦人大兄皇子。关于"大连军众三度惊骇"中，物部守屋的士兵究竟为何三度吃惊也没有丝毫解释，不过《太子传玉林抄》中有这样的记载：

> 《先师传》云，《元兴寺缘起文》云，大连众三度惊骇天皇
> 丧，大连元欲去除皇子等云云。

这段话的后半部分与《日本书纪》相同，只是"三度惊骇"的后面多

---

① 即河内国，令制国（日本古代地方行政区划）之一，位于京畿圈内。——译者注
② 迹见赤梼，日本飞鸟时代的舍人（官职名，指效命于皇族或贵族，负责警备及杂务工作的人），效命于押坂彦人大兄皇子及圣德太子。——译者注

了"天皇丧"三个字，也许是《日本书纪》漏记了这三个字[①]。那么，物部守屋手下的士兵在用明天皇的丧屋，即殡宫内三度惊骇，正说明了物部守屋反迹已明，篡逆之心昭然若揭。

---

① 《日本书纪》也是根据先前史料编纂而成，上文中的《元兴寺缘起文》应该就是依据之一。——原注

第 7 节

讨伐物部守屋

　　物部守屋一党反迹已明，苏我马子奉炊屋姬皇后之命起兵讨伐物部守屋。苏我马子一方兵至河内的涩河，将物部氏的宅邸团团包围。与此同时，佐伯丹经手、土师磐村、的真啮等人率兵诛杀了穴穗部皇子、宅部皇子。《日本书纪》记载：

　　　　佐伯丹经手等围穴穗部皇子宫，于是卫士先登楼上击穴穗部皇子肩。皇子落于楼下，走入偏室。卫士等举烛而诛。

　　《日本书纪》用了"诛"这个字眼，是将穴穗部皇子视为罪人。《日本书纪》还记载，讨伐物部守屋时，与苏我马子共赴河内的有泊濑部皇子、竹田皇子、难波皇子、春日皇子等诸皇子，以及苏我氏一族的纪男麻吕、巨势比良夫、平群神手，此外还有坂本糠手等人。苏我氏原本是武内

宿祢的后代，纪氏、巨势氏、平群氏也是武内宿祢的后代。此次讨伐物部氏的行动中，苏我氏可谓举全族之力。某种程度上，这次纷争可谓两大权臣大臣家与大连家之争。

　　相传，作战中物部守屋令人用稻子筑起城墙以便防守，并跳到朴树上指挥作战，最终被迹见赤梼射杀，物部守屋军大败。据说，朝廷考虑到阵前危险，只命圣德太子随军。而圣德太子则向四天王祷告，发愿如果此战取胜，则建造寺庙弘扬佛法。如今的大阪四天王寺就是应此愿建造的。不过细想之下，圣德太子当时只有十四岁，是否真的随军出征值得怀疑，这个问题留待后文分析。总之，明争暗斗、敌对已久的物部氏、苏我氏间的倾轧到此算是告一段落。穴穗部皇子身亡，而押坂彦人大兄皇子本该顺理成章登上皇位。然而，史籍对此毫无记录，甚至连押坂彦人大兄皇子何去何从也未留下只言片语。接下来的记载便是泊濑部皇子被推上皇位，成为崇峻天皇。其中缘由，委实难辨。

第 8 节

押坂彦人大兄皇子即位落空

　　《圣德太子》的作者园田宗惠君根据《圣德太子传历补注》的记载推测，认为押坂彦人大兄皇子很可能在这次纷争中被敌党杀害。园田宗惠君列举了几个论据，来论证这个论点。然而，他的论据不够确凿，不能令人信服。况且太子被杀不是可有可无的小事，正史中又怎么会没有记载呢？最难解的问题还是押坂彦人大兄皇子与舒明天皇的年代关系。舒明天皇即田村皇子，是押坂彦人大兄皇子与糠手姬皇女所生皇子，继推古天皇之后即位。舒明天皇在位十三年后驾崩，享年有多种不同说法。《神皇正统记》及一些史籍都说舒明天皇享年四十九岁，《水镜》说是四十七岁，《大日本史》也说是四十七岁。此外，《历代皇记》记录了两种说法，一说舒明天皇享年三十九，另一说舒明天皇享年五十二岁，《皇代记》则说舒明天皇享年四十八岁。孰真孰假已无从得知，从这些说法推算舒明天皇的生辰，可得出：

三十九——推古天皇十一年（603年）出生

四十七岁——推古天皇三年（595年）出生

四十八岁——推古天皇二年（594年）出生

四十九岁——推古天皇元年（593年）出生

五十二岁——崇峻天皇三年（590年）出生

　　首先，"三十九"应该是"三十九岁"的漏记。其次，"四十七"的"七"可能是"九"的笔误。假如出现次数最多的"五十二岁"说是真的，那么至少崇峻天皇三年（590年）的时候押坂彦人大兄皇子仍然在世。再假设最通行的"四十九岁"说是真的，那么推古天皇元年（593年）以前，也就是崇峻天皇五年（592年）的时候押坂彦人大兄皇子仍然在世。这样看来，崇峻天皇即位前，押坂彦人大兄皇子被敌党虐杀的猜测是丝毫站不住脚的。那么，为何押坂彦人大兄皇子没有即位，而是崇峻天皇即位，真相越发扑朔迷离了。

第 9 节

党派斗争酿成大祸

这里要请读者格外注意，崇峻天皇与穴穗部皇子同为钦明天皇的皇子，并且二人是一母同胞的亲兄弟。在两党斗争的旋涡中，崇峻天皇究竟站在哪一边是值得注意的问题。这个问题没有定论，不过《日本书纪》中记载穴穗部皇子诛杀三轮君逆时，是与弟弟泊濑部皇子合计之下，才决定派遣物部守屋前去的[①]。这个细节说明，泊濑部皇子并非未曾向穴穗部皇子伸出援手。然而，原本支持物部守屋一派的泊濑部皇子，为何在讨伐物部守屋之战中成了主力，其中一定有着不为人知的缘由。可以推测，押坂彦人大兄皇子未即位的缘由恐怕也与这有关。笔者对崇峻天皇即位后的境遇做了一些大胆的猜测。由于穴穗部皇子及物部守屋一派被彻底铲除，苏我氏及推古天皇一派独大。而崇峻天皇与物部守屋一派素有瓜葛，此时的他

①　《日本书纪》引文见前文。——原注

转投苏我派，不得不与苏我马子重修于好，境况好似孤身潜入敌国。这样看来，苏我马子弑君也是这些复杂矛盾日积月累的结果，从根本上来讲还要归因于两党之争。

第 10 节

圣德太子不追究苏我马子的缘由

《水镜》等书记载，崇峻天皇叱责苏我马子时圣德太子就在一旁。圣德太子还劝谏崇峻天皇要"戒急用忍"。不过，这些本是不足为道的讹传。圣德太子与崇峻天皇叱苏我马子一事毫无干系。此处唯一值得讨论的是，圣德太子为何不治苏我马子之罪，反倒拥立推古天皇，并既往不咎与其共立社稷。这其实涉及当时复杂的政治形势，绝非后人可以片面揣测的。在《护法资治论》中，水户的森尚谦（不染居士）说道：

> 或问，苏我马子密行弑逆，圣德太子不能讨之而共立朝。何不知大议，盖为渠党于佛欤。曰是太子之力不足也。云云。

森尚谦认为，当时苏我氏权倾朝野，圣德太子说到底是奈何不了苏我马子的。还有人认为，圣德太子是为了日本永久国运着想，因此，克制了

自己的感情，将这次宫变大事化小。然而，圣德太子的考虑真的这么迂回复杂吗？圣德太子真的动过诛杀苏我马子的念头吗？不妨再来看看当时的情形。崇峻天皇被杀的消息传遍朝野上下，朝臣中竟无一人感到惊骇。在我们看来，这才是最令人震惊的。不过，这在当时却是真实的情况。

> 使东汉直驹杀于天皇。是日葬天皇于仓梯冈陵[①]。

崇峻天皇驾崩当天立即下葬，多么骇人听闻啊。而当时朝中甚至没有泛起丝毫涟漪，究竟是为何？由于所谓任那问题是当时的一大外交难题，朝廷曾派遣使者前往九州，传旨曰"内国之变无足挂齿，外防之务切勿懈怠"。至于朝廷所在的京畿重地，政治局势平稳，满朝文武一致拥立炊屋姬皇后。炊屋姬皇后再三推辞后，终于登基。

> 群臣请淳中仓太珠敷天皇之皇后额田部皇女，以将令践祚[②]。
> 皇后辞让之，百寮上表劝进至于三，乃从之。

也就是说，崇峻天皇驾崩，满朝文武并没有太大反应。崇峻天皇孤身一人与整个朝堂对峙，最终招来杀身之祸。这样的境遇不能不让人感慨万千。圣德太子没有治苏我马子之罪，也许反映了苏我氏权势熏天的事实。不过，更真切的说法应该是，当时没有一个人觉得这是苏我马子的罪过。不是圣德太子本人纵容苏我马子，而是朝廷局势使然。后世仍有人反

---

① 仓梯冈陵位于现在的大和矶城郡多武峰村仓梯。——原注
② 践祚，指继承天子之位，一般由先帝驾崩或让位促成。"践"指登上，"祚"指"天子之位"。——译者注

驳道，即使朝中无人发声，身为太子岂能不辨伦常是非？然而，这样的论调不过是偏执一端的迂腐之论。

　　还有人认为，虽说苏我马子弑君是信奉佛教的结果，但佛教以慈悲为怀，最戒杀生，更何况是弑君这样的滔天大罪，佛教教理怎么可能认可这种行为呢？让我们回头看看儒教的情况。儒教中有替天行道讨伐殷纣夏桀等暴君的事迹，这是合情合理的。这样看来，弑杀天皇也许是受到新传入日本的儒教的影响。弑君的执行者东汉直驹本来就是日本人中的汉人氏族，是传承儒教的归化人①的后代，"东"代表大和，"直"代表"西"，"西"与"东"相对。可见，苏我马子不仅信奉佛教，对新兴的儒教也有涉猎，弑君之举并不是苏我马子首创。

---

① 　入籍人。古代从中国、朝鲜半岛去日本的人。日本古代当权者因自视为世界中心的思想而产生的用语。——译者注

第 5 章
政治改革

推古天皇时代，年满二十岁的圣德太子执掌朝政，因此，该时期的施政方针基本由圣德太子主导。在国家社稷上，圣德太子绝非任人摆布的棋子，并且当时文化的繁荣、外来文明的输入也要求为政者必须才智超群。接下来，让我们一起来回顾一下圣德太子的卓越政绩。

第 1 节

圣德太子摄政前的政治局势

在阐述圣德太子政绩之前，有必要交代一下此前的政治局势。圣德太子之前的日本政治，用一句话来概括就是一种封建制。对此，具体细节虽然存在争论，但封建制度这一论点不容置疑。首先，朝廷在各个地方设立国造①，管理地方政务。然而，随着大和王权的扩张，新增领地逐渐由皇室子嗣掌握。他们代替天皇管理地方。这种掺杂了血统继承的统治结构最终演变成诸侯统治的形态，这也是当时的政治形态与封建制度的不同之处。除国造外还有伴造，相当于之后封建时代的谱代诸侯。伴造的领地不在较远的地区，而在京畿附近，因此，伴造直接侍奉于天皇左右。相

---

① 国造，日本古代以氏族制为基础的行政体系中的官职之一，负责治理地方。国造掌握着所辖地域的军事权和裁判权，实质上是该地方的真正支配者，拥有很大的权力。——译者注

传，伴造的祖先是天孙琼琼杵尊①降临于日向时的随从诸神后裔。神武天皇东征之际，伴造的祖先也曾伴驾来到大和之地。伴造虽然同样侍奉于天皇左右，却有高下之别。他们各自司掌不同的职务，效命于天皇。这其实是所谓氏族制度，比如，服部氏专司织造，镜造氏专司制镜。每项职务由一个家族掌管，职位自然也是世袭的。从政治角度来讲，当时的日本没有严格的官位，司掌各职能的职位都是由氏族继承。圣德太子执政前后的大臣、大连，就是由两大家族代代世袭的。因此，严格意义上，与其说大臣、大连是官位，不如说它们分别是由一个家族承袭的氏族官衔更恰当。与职位高低相对应的，是身份的贵贱。例如，氏族身份等级体现在不同的臣、连、首等包含的姓氏中，类似官位等级。各种各样的姓氏中，连氏和臣氏居于首位，最高贵。臣氏是指出身王族的子弟，也就是天皇子嗣的分支。连氏是指神族的后代，神族是效命于王族并且功勋卓著者，列为贵族。臣氏与连氏中，又有大臣与大连。大臣统率众臣，大连统率众连。臣氏和连氏是最高贵的姓氏，而大臣、大连位居众臣、众连之上，直接参与军机要务，大概相当于今天的内阁大臣。物部氏自古以来位居大连，参与朝政；苏我氏自武内宿祢以来一直居于大臣之位②。武内一族的后代中，苏我氏、葛城氏、纪氏、平群氏、巨势氏都是大臣。

物部一族源远流长，是著名的将门世家。"武士"一词就起源于物部氏（谐音）。昔日神武天皇东征得胜，建都于大和，授命久米氏、大伴氏、物部氏三大武将氏族守卫皇宫。当时，久米氏的统领是大久米命，大伴氏的统领是道臣命。此二族一同随神武天皇东征，定都后奉命守卫宫门。物

---

① 琼琼杵尊，日本神话中的神，天照大神之孙。其父是天照大神之子天忍穗耳尊，其母是高皇产灵尊之女栲幡千千姬。——译者注

② 成务天皇时期，武内宿祢称成为大臣。这也是大臣的起源。——原注

部氏的统领是可美真手命，定都后成为神武天皇的近身护卫，在殿内侍奉，大概相当于现在的近卫兵。因此，物部氏也有"内物部"的称呼。可见，可美真手命是物部氏的祖先。

此外，中臣氏、斋部氏也是望族。在祭政一致的古代，祭祀天神、地祇、祖先及抵御外敌是两大国事。前面提到的大伴氏、久米氏、物部氏执掌外防事务，中臣氏、斋部氏则执掌祭祀。斋部氏这一姓氏主要与"避忌"有关，表示神明面前要恭敬谨慎。斋部氏掌管着斋藏①的各种神器。斋部首是斋部一族的统领，然而，该族很早就没落。中臣氏掌管通灵之术，是神界和人界的媒介者。可以看出，朝廷主要分为武族和祭祀族，分掌两大要务。然而，随着时代的发展，逐渐出现了祭政分离的倾向。祭祀神明之外的事物渐渐被视为俗物，将俗物与祭祀混为一谈有渎神之嫌，因此，二者出现分离。终于，崇神天皇时期正式将神器从皇宫迁往笠缝邑，将神圣祭祀与世俗政务分离，皇居和神宫有了明确的区分。于是，执掌祭祀的中臣氏、斋部氏也随着这些改革与朝廷逐渐疏远，而管理世俗政务的大权就落入了天皇侧近护卫的武族手中。就这样，政权逐渐被物部氏、大伴氏、久米氏等氏族掌握。不久，久米氏在政权角逐中逐渐衰落。景行天皇时期，主要由物部氏、大伴氏执政。到了成务天皇时期，武内宿祢出任大臣，于是有了大臣、大连分庭抗礼的政治局面。

随后，大伴氏在外交事务，也就是当时的任那问题上失败，权倾一时的大伴金村因此退出政治舞台。此后的政局彻底由物部氏、武内氏两大氏族掌控。物部氏一族分支众多，很多族人都担任大连的职位。武内氏一族

---

① 斋藏，象征大和王权的"三藏"（内藏、大藏、斋藏）之一。自神武天皇时代以来，设置于皇宫中用来收纳神物、官物，由斋部氏掌管。——译者注

起初由葛城圆出任大臣。眉轮王[①]弑杀安康天皇的政变中，葛城圆在骚动中被雄略天皇一方所杀。随后，平群真鸟担任了大臣，此人在武烈天皇时期欺君罔上，最终被大伴金村奉旨诛杀。紧接着，巨势男人成了大臣。宣化天皇即位时，苏我稻目成为下一任大臣。以上是大臣氏族的大致来历。

---

① 眉轮王（450—456），其父大草香皇子（仁德天皇之子）被安康天皇无罪诛杀，年幼的眉轮王得知后试图刺杀熟睡中的安康天皇，史称"眉轮王之变"。——译者注

第 2 节
政权角逐与佛教传入

　　上文简要概述了大臣、大连进入政治舞台的历程。不难想象，在这一系列历史变迁中，这两大势力必然少不了各种明争暗斗。大伴金村诛杀平群真鸟、物部尾舆击败大伴金村，恐怕都与大臣、大连之间的政治纷争脱不了干系。佛教传入大和王朝时，苏我氏与物部氏关于是否引入佛教产生了分歧。这也是两大势力权力争夺过程中的暗中较量之一。苏我氏与物部氏之争是氏族政治发展的必然结果。氏族政治使苏我氏与物部氏两大氏族不断发展壮大，最终酿成不可避免的冲突。

第 3 节

保守派与激进派的冲突

　　表面上，苏我氏与物部氏之争体现在"是否引入佛教"，实际上，苏
我氏与物部氏之争掺杂着复杂的政权角逐。就是否引入外来文明这个问题
产生分歧，用今天的话来讲就是保守主义与激进主义之间的冲突。纵览历
史，可以发现武内宿祢追随神功皇后①讨伐三韩，归来后武内一族的后代
基本承担起外交事务。例如，神功皇后摄政晚期，百济枕流王死后国内因
即位问题而爆发了骚动。这时，纪角宿祢、苏我石川宿祢、平群木菟宿祢
等武内氏族子弟奉旨出兵百济，平定骚乱。应神天皇时期，甘美内宿祢制
造谣言称武内宿祢在九州密谋造反。后来，应神天皇令武内宿祢盟神探

---

① 神功皇后（169—269），享年一百岁。日本第十四代天皇仲哀天皇的皇后。仲哀天皇驾崩后到应
　　神天皇即位前，神功皇后摄政长达近七十年。——译者注

汤①以证清白。武内宿祢之所以招来这种种猜忌，是因为他与三韩关系密切，使秘通三韩、九州谋反的谣言成为可能。同一时期，百济的弓月君（又称融通王）归顺大和，但他率领的民众被扣留在了新罗，因此，葛城袭津彦（武内宿祢之子）出面前往新罗。后来，葛城袭津彦被拘押在新罗三年，直到平群木菟宿祢率兵前往才救回了弓月君之民和葛城袭津彦。仁德天皇时期，纪角宿祢又前往百济，划定国郡疆土之界，并将百济物产引入大和。雄略天皇时期，纪小弓、苏我韩子受命征讨新罗。《古语拾遗》记载了这一时期苏我满智②统掌斋藏、大藏、内藏之职，总领秦氏和东汉氏的史实。斋藏司掌神器（原本由斋部氏掌管），大藏和内藏掌管国库。本来除斋藏以外还有一个官物库，但随着与三韩通商及越来越多的朝鲜、中国的百姓来到大和，舶来品大量流入，朝廷因此扩充了国库。秦氏和东汉氏是来自朝鲜、中国，主要从事织造业。苏我氏此后一直统领外来人的部曲③。临近圣德太子时代的钦明天皇时代，纪男麻吕曾挂帅出征新罗。由此看来，武内氏一族的后代负责外交事务由来已久，与外国关系密切。据历史记载，很多武内氏一族的后人在朝鲜定居，最后变成朝鲜人。因此，该族通晓外务，极力主张引进外来文明，可谓开国进取的一派。此外，大伴氏也参与了一部分外交事务。相比之下，物部氏几乎与外交事务毫无联系。因此，物部氏联合中臣氏，主张如果引入外来文明则要敬奉外来神明，此举将点燃日本八百万神的妒火，惹怒八百万神。这无疑是保守派的说辞。

---

① 盟神探汤，古代日本举行的一种神明裁决仪式。被裁决的人先向神明起誓清白，然后把手伸进盛有沸水的锅（探汤瓮）中。如果无罪则不会被烫伤，如果有罪则会被烫伤。——译者注
② 苏我石川宿祢之子，武内宿祢之孙。——原注
③ 部曲，日本律令制前豪族的私有民，大化改新后被废除。——译者注

第 4 节

物部氏与苏我氏之争的直接原因

　　至此，朝中或者说日本国内的两大派系已经到了水火不容的地步。有说法称苏我马子之妻是物部守屋之妹。她欲除掉自己的兄长物部守屋，夺其领地。因此，苏我马子与物部守屋形成了敌对关系。这个说法不是完全没有可能，比如，《日本书纪》中就记载：

　　　　时人相谓曰，苏我大臣之妻是物部守屋大连之妹也。大臣妄用妻计而杀大连矣。

　　想来此说并不是空穴来风。当然，这也不可能是唯一的原因，只是直接原因之一罢了。不过，可以肯定的是，苏我马子并非狂暴之徒，与物部氏的争斗必然有更复杂、牵涉更广的原因。

第 5 节
苏我马子并非狂暴之徒

　　苏我氏灭掉物部氏后，一家独大。接下来，我们将考察苏我一族的势力发展。苏我马子弑杀崇峻天皇是不容分说的滔天大罪，但回顾穴穗部皇子与物部守屋一派的欺君罔上、目无旁人，相比之下苏我马子的态度还是令人钦佩的。圣德太子摄政时期，打败物部氏后的苏我氏更加势不可当。但实际上，苏我马子并没有专横跋扈的迹象。这也许是因为圣德太子德高望重，令苏我马子心悦诚服，甘愿为其效命。总而言之，目前为止，苏我马子的行径可以用温顺二字来概括。《扶桑略记》记载苏我马子卒于推古天皇三十四年 (626年)：

　　遗言，画圣德太子像自跪其像前之绘张吾墓前。云云。

　　究竟是否确有其事，如今已无从知晓，但以此可以推测苏我马子并

不是暴躁无常之人。遗憾的是，苏我马子死后，其子苏我虾夷、其孙苏我入鹿之辈终于祸乱朝纲、僭越犯上，并大肆清洗圣德太子的后代。由此可以窥见，苏我氏当时何等权势熏天，而如苏我马子般手握大权却温顺恭谨，怎能不让人赞叹称奇呢？

第 6 节

始创官位制度

苏我马子对圣德太子恭谨顺从，二人齐心协力治理朝政。然而，目睹了两大家族的矛盾冲突的圣德太子，深刻觉察到氏族政治的弊端，并决心矫正这一弊端。当时，圣德太子并没有处决苏我马子的想法，只是忧虑官位血统继承制及氏族势力增大对国家社稷的潜在威胁。因此，圣德太子的理念是在政治制度上革旧图新，并不是单纯要打击苏我氏。总而言之，圣德太子一心想要改革氏族政治。适逢朝鲜半岛文明迎来鼎盛时期，当时三韩的官位制度传入日本，使圣德太子真正接触到了氏族政治之外的政治体系。之后的事情就广为人知了。日本于孝德天皇执政期间实行大化改新，废除氏族政治，代之以官位制度。之后又经过一系列修正，最终这一制度体系正式成文于《大宝令》。有一点不容忽视，那就是这一系列变革的根本出发点正是圣德太子制定的冠位十二阶。推古天皇十一年（603年）十二月，圣德太子制定冠位十二阶。所谓十二阶包括：大德、小德、大仁、小

仁、大礼、小礼、大信、小信、大义、小义、大智、小智。

当时，氏族实力依然雄厚，特别是苏我氏可谓权势熏天。要想从根本上动摇氏族的根基，并建立全新的官位制度，不顾氏族势力而履行选贤任能，即便是圣德太子般英明决断的人物也很难成功。并且从实际情况出发，即便大臣并无真才实干，也不方便授予他们下级官位。因此，最初的官位分配自然而然地与氏族地位进行了匹配，授予苏我氏大德，中臣氏小德——冠位十二阶还是与姓氏挂钩的。[①]这种局面下的官位制度与当今社会有很大不同，当时鲜有官位升降流动。不过，通过建造元兴寺佛像，鞍作止利[②]被赐予大仁之位，说明该制度还是具备一定人才选拔功能的。尽管此时的冠位还没有发展到孝德天皇以后的次序晋升制，但圣德太子改革氏族政治的用意可谓不言而喻。孝德天皇之所以能成功推行大化改新，离不开圣德太子的冠位十二阶。大化改新是冠位十二阶的集大成。《十七条宪法》中记载：

> 贤哲任官，颂音则起。奸者有官，祸乱则繁。世少生知，克念作圣。事无大小，得人必治，时无缓急，遇贤自宽。因此国家永久，社稷勿危。故古圣王，为官以求人，为人不求官。

这是其中的第七条。这并非舞文弄墨的造作文字，而是明确强调选贤任能的真文章，所以"为官以求人"。可见，官位制意在革除氏族政

---

① 上述仅为一例。推古天皇三十一年（623年），又有境部雄摩侣被授予大德冠位，中臣国子被授予小德冠位等。——原注

② 鞍作止利，日本飞鸟时代的佛匠，生卒年月不详，司马达等之孙，鞍部多须那之子。——译者注

治。《十七条宪法》的第一条还记载:

人皆有党，亦少达者。

这里将人际不和归因于党派斗争，乃是吸取之前氏族结党抱团后彼此倾轧的教训。《十七条宪法》中还有许多相似的记载。可以说，圣德太子的这项改革虽然短期内没有大的成效，但其志已明，即改革神武天皇以来的氏族制度。冠位十二阶是日本历史上的创举，它清渠引水般地为后来的一系列改革做好了铺垫。

第 7 节

冠 位

　　当时，朝廷根据贵族及官员的位阶高低，规定了不同颜色的冠冕，并将粗绢制成的冠冕赐予各人，冠位十二阶由此而来。《日本书纪》中记载了当时冠的模样：

　　　　并以当色绢缝之，顶撮揔如囊而著缘焉。唯元日著髻华。

　　粗绢制成的带檐的囊状物，用来包裹发髻，佩戴时在发根处打结。它是后来的漆纱冠的由来。藤原时代的纸糊坚装束的冠也以此为基础，最终发展出薄额、透额及半额等各不相同的样式。当然，日本人在圣德太子以前就已经戴冠了，但用冠的颜色区别位阶高低确实是圣德太子首创。那么冠位十二阶具体的颜色划分是怎样的呢？具体划分并没有特别界限分明，大体情况如下：

大德 小德 紫冠①

大仁 小仁 青冠

大礼 小礼 赤冠

大信 小信 黄冠

大义 小义 白冠

大智 小智 黑冠

然而，关于颜色划分有许多不同说法，上面是其中一种。其他说法有赤（大仁、小仁）、青（大礼、小礼）、绀②（大信、小信）、黑（大义、小义）、绿（大智、小智），还有说法称小礼以上都用紫冠，其余为绯（大信、小信）、绿（大义、小义）、缥③（大智、小智）三色。究竟哪种说法属实，如今已无法判断。除冠以外，朝廷还规定官员的服饰必须与冠的颜色统一。关于推古天皇十九年（611年）朝臣集体出行采药的记载中写道：

诸臣服色皆随冠色。④

据大化改新时制定的七色十三阶制，大小织冠、大小绣冠的服色为深紫，大小紫冠着浅紫，大小锦冠着绯，大小青冠着绀，大小黑冠着绿，而最下位的建武是黑冠。此外，《大宝令》规定官位中一位、二位、三位着紫袍⑤，四位、五位为绯袍⑥，六位、七位为绿袍，八位、初位为缥袍，无

① 用颜色的深浅区分位阶高低，下同。——原注
② 绀，带有紫色的深蓝色。——译者注
③ 缥，淡青色。——译者注
④ 出自《日本书纪》。——原注
⑤ 一位为深浅紫，以下为浅紫。——原注
⑥ 以颜色深浅区分，下同。——原注

位为黄袍。这些服饰颜色的规定与圣德太子制定的冠位十二阶渊源甚深，通过冠服的颜色就可以大致推测出一个人的地位。另外，冠上插髻华就是盛装打扮。髻华本来是插在发髻上的花，也许类似于当今女子使用的发簪。佩戴冠以后就将髻华插在冠上。上文提到的推古天皇十九年 (611年) 采药的记载中还提到了髻华：

> 大德、小德并用金，大仁、小仁用豹尾，大礼以下用鸟尾。

髻华也根据位阶来划分。冠上插髻华，这与日本本土的插花文化大相径庭，想来应该是受到三韩风潮的影响，只是在名称上仍沿用以往的髻华。《日本书纪·钦明纪》中，关于百济、新罗、高句丽之战的记载中有：

> 著颈铠者一骑，插铙者二骑，珥豹尾者二骑。

这样看来，这里描写的应该就是髻华。

第 8 节

冠位的道德称谓

圣德太子制定冠位十二阶，并赐冠于群臣，其中最引人注目的一点莫过于冠位的名称，采用了德仁礼信义智的道德称谓。很显然，这是在仁义礼智信的五常之前加了一个德。也就是说，官位的区分应以政治素质为基础。政治素质中最根本的是道德品行。圣德太子意在彰显道德在政治中的根本地位。冠位十二阶中的称谓与儒教中的五常在顺序上略有出入，有说法称冠位十二阶是取自谶纬说，此言应该不虚。谶纬说在五常的基础上加入五行，并且纳入颜色来分门别类。其中仁为木（青）、礼为火（赤）、信为土（黄）、义为金（白）、智为水（黑）。冠位的颜色应该也是在这个基础上制定的。养老年间《衣服令》中当色①绢的颜色应该就是取自五行配色，《上宫圣德法王帝说》中的"准五行定爵位"无疑是最早的记载。

---

① 当色，日本律令制规定的与位阶相配的服装颜色。依令分为：一等为深紫色，二、三等为浅紫色，四等为深绯色。——译者注

第 9 节

大化改新继承圣德太子遗志

　　本章最后一部分将介绍圣德太子的政治改革与孝德天皇大化改新之间的关系。大化改新并非一蹴而就，而是凝结了圣德太子遗志的重大成果。大化改新开始的原因之一是苏我虾夷、苏我入鹿被杀，氏族政治一方倒台打破了原有的权力格局，这为政治改革创造了时机。推行改革的中大兄皇子[①]及中臣镰足[②]都实力非凡，这也是政治改革必不可少的条件。不过，氏族政治之所以能够彻底瓦解，与圣德太子的一系列举措有着千丝万缕的联系。大化改新之初，日本与中国并没有直接的往来交流，并且苏我氏依然权势熏天。前文已经提到，奈良文化发展的源头是大化改新，而大化改新与圣德太子有着很多关联。

---

① 中大兄皇子，即天智天皇。——译者注
② 中臣镰足，日本飞鸟时代的贵族、政治家。大化改新的核心人物之一，临终时被天智天皇赐姓藤原，也称藤原镰足。——译者注

　　为推进政治改革、促进社会进步，圣德太子深感借鉴中国文化的必要性。推古天皇十五 (607年) 年七月，圣德太子下令派遣大礼小野妹子出使隋朝，实地访察中国的风土人情。推古天皇十六年 (608年) 四月，对隋朝的状况做了一番了解后，小野妹子返回日本，又于同年率领八名留学生随隋朝使者一道，再次来到中国。这八人分别是倭汉直福因、奈罗译语惠明、高向汉人玄理、新汉人大国、学问僧新汉人旻①、南渊汉人请安、志贺汉人慧隐、新汉人广济。这批留学生返回日本，成为朝廷的顾问。大化改新正是在他们的倡议下推进的，其中高向汉人玄理与新汉人旻二人功不可没。从这里也可以看出，圣德太子与大化改新关联甚深。更进一步，这批留学生所做的事情从根本上来讲就是将官位制度引入日本，孝德天皇于大化三年 (647年) 制定七色十三阶，大化五年 (649年) 增加至十九阶，无外乎围绕着确立官位制度这个根本任务。

　　弘扬佛法对圣德太子的政治改革具有至关重要的意义。推古天皇二年 (594年)，圣德太子摄政后就颁布了振兴三宝②的诏令。而大化改新中，孝德天皇恰恰也在大化元年 (645年) 召集百济大寺的僧侣：

　　　　苏我马子宿祢追遵考父之风，犹重能仁世之教。而余臣不信，此典几亡。天皇诏马子宿祢而使奉其法，于小垦田宫御宇之世 (推古) 马子宿祢奉为天皇造丈六绣像、丈六铜像。显扬佛教，恭敬僧尼，朕更复思崇正教光启大猷。

---

① 《日本书纪》中将"旻"当成日文，是误记。孝德天皇时期旻法师与高向玄理成为国博士，奉敕令制定八省百官官制，无疑就是指这里的新汉人旻。——原注
② 三宝，佛教用语，指佛宝、法宝和僧宝。——译者注

大化改新中，孝德天皇敕令振兴佛法，其思路与圣德太子的改革可谓如出一辙，确实继承了圣德太子的遗志。大化改新的过程中，中大兄皇子扮演了圣德太子的角色，而中臣镰足扮演了苏我马子的角色。中臣氏本来是排斥佛教的，但中臣镰足主张兴佛，尤其是在兴佛敕令中颂扬了苏我马子。由此，不难推测出当时的施政方针。从这个意义上来讲，圣德太子发起了日本第一次"维新运动"，第二次则是明治维新。毫无疑问，圣德太子的改革构想孕育了大化改新①。大化改新中，为兴旺佛教，朝廷设立僧官，并临时任命法头②至各寺院实地访察。这其实是原封不动地重启了推古天皇时期的制度。这更加说明大化改新与推古天皇时期的改革一脉相承。③

① 圣德太子去世（622年）二十三年后，孝德天皇即位（645年）。——原注
② 法头，负责检校僧尼寺院数目、管理寺院田园事务，仅在推古天皇、孝德天皇时期设立。——译者注
③ 圣德太子去世后，推古天皇三十二年（624年）实行此僧侣任命制度。援引至此，用以说明大化改新与前代改革的密切关系。——原注

第 6 章
圣德太子的外交政策

第 1 节
朝鲜半岛诸国与日本

大和神功皇后讨伐三韩得胜，新罗、百济、高句丽开始向日本进贡。此后，日本全方位吸收三韩文明，取得了一系列进步。但同时，各国间的外交问题层出不穷，令日本政府非常烦恼。当时的朝鲜半岛分为高句丽、百济、新罗，高句丽地处半岛西北侧，北临中国东北，这片土地被称为"古朝鲜"。高句丽距离日本最远，直接往来最少，与日本朝廷的关系并不如百济、新罗密切；新罗、百济距离日本较近，关系也较密切。新罗更是被神功皇后率先征服。需要注意的是，新罗地处朝鲜半岛东南两侧海岸，百济沿西海岸，百济北部是高句丽。百济被夹在高句丽和新罗的中间，位置十分尴尬。尤其是当时高句丽强盛，国土辽阔，时时对百济虎视眈眈。因此，百济自然而然地向日本寻求援助。这也是百济从一开始就与日本关系密切的原因。

三韩以外，朝鲜半岛南端还有一个任那国。据历史学家称，此地

原本被称为"大加罗"，崇神天皇时期成为日本属地，此后被称作"任那"。此说应该属实。神功皇后征讨三韩得胜后，应神天皇①于三韩各地设立天皇直辖机构，即日本府。日本府的职权在这以后逐渐扩大，负责监督属地。应神天皇还册封了任那王。《日本书纪》记载了任那王己能末多干岐访问大和朝廷时对大伴金村说：

　　夫海表诸蕃。自胎中 (应神) 天皇置内宫家，不弃本王封其地，良有以也。

　　证据充分。内宫家就是指天皇直辖地。实际上，任那具体可以细分为十国，加罗、安罗、斯二岐、多罗、卒麻、子嵯、子他、散半下、乞喰、稔礼。神功皇后四十九年 (249年)，来日本朝贡的新罗使者胁迫百济使者与其交换贡品，并以新罗的名义将百济准备的贡品献给大和朝廷，因此还引发了日本讨伐新罗之战。此次大和朝廷又收服了比自烌、南加罗、喙国、安罗、多罗、卓淳、加罗共七国，结果导致新罗丧失了部分领地，而日本则增加了新属国。

———————————
① 神功皇后之子，日本第十五代天皇。——原注

第 2 节

新罗反抗日本

新罗领土从很早就被日本侵占。不仅如此，大和朝廷甚至将夺得的新罗领土赐给百济王。不难想象，百济对日本日益依赖的同时，新罗对日本的怨恨也在日益加深。神功皇后时期，这种状况已经有了端倪，继体天皇六年（512年）的割让事件则直接激化了各方矛盾。512年，百济上疏大和朝廷请求赐予部分任那领土。百济此举实在是无端之请，这意味着要更改应神天皇划定的疆土边界。任那的一部分土地原属新罗，新罗对此始终耿耿于怀，收复失地之念从不曾断绝。为了表示自己的不满，新罗甚至屡屡拒绝朝贡。而大和朝廷此次却将任那四郡割让给百济。此举终于点燃了新罗的怒火，导致朝鲜半岛出现属地纷争。当时，大和朝廷的大连是大伴金村，哆唎国守是穗积押山。据说，此二人受百济贿赂，从中运作促成割地一事，从而为三韩纷争埋下了伏笔。据记载：

　　百济遣使贡调，别表请任那国上哆唎、下哆唎、娑陀、牟娄
四县。哆唎国司穗积臣押山奏曰，此四县近连百济远隔日本，旦
暮易通，鸡犬难别。今赐百济，合为同国。固存之策无以过
此。然纵赐合国后世犹危，况为异场，几年能守。大伴大连金村
具得是言同谋而奏……于是有留言曰，大伴大连与哆唎国守穗积
臣押山受百济之赂矣。

　　后来，新罗起兵吞并了任那。对此，钦明天皇深感忧虑，召集群臣商
议收复失地之事。时任大连物部尾舆奏曰：继体天皇时代，大伴金村运作
促成割让任那四郡给百济，新仇旧恨已使新罗对日本积怨甚深，因此，轻
兵前往恐难成事，还需加倍谨慎。大伴金村此时隐居到住吉[1]的宅邸，闭
门谢客，并上表道"今诸臣等谓臣灭任那，故恐怖不朝耳"。从大伴金村
主导割让任那四郡给百济时起，就已经预告了一场战乱的到来。当时，百
济使者下榻于难波馆驿。负责将割让诏书送交馆驿的是物部粗鹿火。据
说，物部粗鹿火的妻子再三劝阻物部粗鹿火，建议他称病在家，不要接受
这份差事。可见，割让任那四郡的后果是路人皆知。

　　割让任那四郡之前，新罗就已经对大和朝廷多有不服，以致屡屡
生事。此次割让事件一出，新罗更不能善罢甘休。新罗开始逐步吞并任
那，起兵攻陷了南加罗、㖨己吞二地。此为任那问题的开端。

---

① 住吉，位于摄津国（日本古代地方行政区划中的令制国之一）内，今属于大阪市。——译者注

第 3 节

任那问题

矛盾激化初期，一个叫近江毛野的人奉命出使任那进行交涉。新罗则串通筑紫磐井[①]，暗中阻断了近江毛野的兵马。话说近江毛野其实是个庸才，非但没有说服新罗，反倒使事态进一步恶化，加剧了新罗对任那的侵略。拜他所赐，日本府在任那的威望一落千丈，最终甚至与百济交战。此次调解新罗与任那的行动计划算是彻底破产了。之后，新罗继续扩张，逐渐吞并了加罗、卓淳。至此，任那问题便令历代天皇愁肠百结。钦明天皇对这个外交难题格外忧心。如果日本的属地全部被占领，新罗与百济将会彻底接壤，这不仅会损害日本的利益，更直接威胁百济的安危。日本与百济素来关系密切。雄略天皇时期，百济一旦有被高句丽灭国的危险，在日本的帮助下，就会再度复兴。其间种种往来，使日本与百济形成了唇齿

---

① 筑紫磐井（? —528），日本古坟时代后期（6世纪上半叶）的豪族。——译者注

相依的关系。百济也是三国中对日本最忠顺的。此时的百济王也处心积虑，为收复任那而四处奔走。不过，事态错综复杂，当时日本府的官员并不信任百济王。各方就收复任那问题未能达成一致，征讨新罗之事也被搁浅。事已至此，即便日本后来派遣援兵助战，战况也不理想。最终，百济的圣明王被新罗俘虏并杀掉，日本兵大败。钦明天皇二十三年（562年），日本在任那的宫家①全部灭亡，日本府也随之不复存在了。任那问题越发使钦明天皇一筹莫展了。

　　钦明天皇曾令纪男麻吕为大将军出征新罗，但副将河边琼缶从中作梗，致使大军失利。钦明天皇终其一生悬心此事，终未能解决。临驾崩时，钦明天皇将太子敏达叫到跟前，嘱以遗言，无外乎任那问题。

　　　　天皇寝疾不豫。皇太子向外不在，驿马召到。到人卧内，执其手诏曰。朕病甚，以后事属汝。汝须打新罗封建任那，更造夫妇，惟如旧日。死无恨之。

可见钦明天皇心中的遗憾。敏达天皇即位元年（572年）二月又有：

　　　　天皇以新罗未建任那，诏皇子与大臣曰，莫懈懈于任那之事。

　　然而，无论是钦明天皇还是敏达天皇，都没有留下圣旨交代征讨新罗之事。敏达天皇驾崩之际，也是向用明天皇口述遗言，"不可违背考父天皇敕，可勤修乎任那之政也"，这点前文已经提到。然而，用明天皇时期

①　宫家，日本皇族蒙赐宫号而另立门户的一家。也指亲王、诸王的家。——译者注

内务繁多，并且用明天皇体弱多病，未能完成敏达天皇遗志。之后的崇峻天皇四年（591年），为收复任那，朝廷派纪男麻吕、巨势比良夫及其下属兵将两万余人出征。兵至九州尚在谈判之际，崇峻天皇就被弑杀了。[①]

　　任那问题一旦出现就很难彻底解决，之后的历代天皇无不为此忧心。迁延日久，八十多年过去了，这个历史难题一直延续到了推古天皇时期。这次轮到圣德太子一展雄才了。圣德太子没有像神功皇后一样，彻底收复任那，以从根本上解决外交问题。不过，圣德太子仍排除万难采取了上善之策，取得的成果也令人赞叹。

---

① 崇峻天皇被弑杀后，朝廷派遣使臣到九州传令给这支军队，"依于内乱、莫怠外事"。从中可以看出两点，一是崇峻天皇被杀并未引起任何波澜；二是大和朝廷对外交事务十分重视。——原注

第 4 节

新罗暂时顺从

圣德太子摄政期间，共两次发兵征讨新罗。然而，两军只交战了一次。推古天皇三年^(595年)，因为某些原因，推古天皇先是召回了崇峻天皇此前派往九州的军队。推古天皇五年^(597年)，朝廷派遣吉士磐金前往新罗就任那问题进行谈判。我们不知道谈判结果如何，据推测新罗可能表面上答应服从日本。然而，推古天皇八年^(600年)二月，新罗再次进攻任那。据记载：

> 是岁命境部臣为大将军，以穗积臣为副将军。则将万余众为任那击新罗，于是直指新罗。以泛海往之，乃到于新罗。攻五城而拔。新罗王惶之，举白旗到于将军之麾下而立。割多多罗、素奈罗、弗知鬼、委陀、南加罗、阿罗罗六城以请服。时将军共议曰，新罗知罪服之，击不可。则奏上，爰天皇更遣难波吉师神于新罗，复遣难波吉士木莲子于任那，并检校事状。爰新罗，任那

王二国遣使贡调。仍奏表之曰，天上有神，地有天皇。除是二神何亦有畏乎，自今以后不有相攻。且不乾船拖，每岁必朝。则遣使以召还将军。

从此段中可以看出，日本长久以来的一大外交难题——任那问题总算得到了初步解决。该记载中还称，钦明天皇二十三年 (562年) 任那彻底灭亡：

二十三年春正月，新罗打任那宫家。

另有典籍注明"二十一年任那灭焉"。然而，推古天皇时期新罗战败投降并割让多多罗等六城。即便大和朝廷没能在任那重新设立日本府，日本重建属国已是事实，收复任那迈出了至关重要的一步。而这一切都要归功于圣德太子与苏我马子。

第 5 节

二伐新罗

　　新罗自始至终没有诚心归顺日本，一再出尔反尔。先是盟誓曰"天上有神，地有天皇。除是二神何亦有畏乎"，却在日本士兵刚一撤退时，便立即攻打任那。为此，大和朝廷派使者前往百济、高句丽，令两国发兵救援。推古天皇十年（602年）二月，圣德太子之弟来目皇子任征新罗大将军，率两万五千名士兵取道筑紫，进攻新罗。此时，出使百济的坂本糠手和高句丽的大伴啮返回大和朝廷，他们已与百济和高句丽定下合攻新罗之计。待日本军一到，百济和高句丽立即派出援兵，以三路围攻新罗。然而，事与愿违，来目皇子在出征第一年的十一月不幸患病，死于军中。推古天皇闻讯召见圣德太子与苏我马子：

　　击新罗将军来目皇子薨之，其临大事不遂矣。甚悲乎。

　　推古天皇十分悲痛，下令为来目皇子举行了盛大的葬礼及各种法事。之后，来目皇子之兄当麻皇子接任征新罗大将军，兵发九州。不幸的是，大军刚刚行至播磨，当麻皇子妃舍人姬王又身死军中。当麻皇子撤兵还朝，征讨新罗一事搁浅了。据记载：

　　　　乃当麻皇子返之，遂不征讨。

　　个中细节不得而知。不过据推测，开战前，新罗听闻日本大军兵至九州，高句丽、百济也发兵相助，大军压境，就突然转变态度，意欲求和。之后，新罗并没有进犯任那，新罗与任那照例每年向日本朝贡。

第 6 节

遣使中国

从上述史实中可以发现，圣德太子面对新罗采取的是鹰式外交——态度强硬，果断出兵击之。之后，日本派遣小野妹子[①]出使隋朝，与中国开展外交。推古天皇十五年（607年），小野妹子与隋朝使节裴世清一同返回大和朝廷。裴世清向推古天皇递呈国书，上书：

皇帝问倭皇。使人长吏苏因高（小野妹子）等至具状。云云。[②]

圣德太子阅罢，上奏推古天皇曰：

天子赐诸侯王书式也，然皇帝之字天下一耳。而用倭皇字，

---

① 中国称小野妹子为苏因高，因此发音也有可能是スヘコ。——原注
② 《日本书纪》中记载了这段的全文。——原注

彼有其礼，应恭而修。

《圣德太子传历》记载了这一段。随后，圣德太子在向隋炀帝的复信上写道：

> 东天皇敬白西皇帝，使人鸿胪寺掌客裴世清等至，久忆方解。季秋薄冷，尊何如？想清念，此即如常。

《通鉴纲目集览》中记载了此段：

> 隋炀帝大业四年戊辰三月，倭国入贡。倭王遣书曰：日出处天子致书日没处天子，无恙。帝览之不悦。谓鸿胪卿曰，蛮夷书无礼者勿奏。

不过，还有一种说法，"日出处天子云云"之书是小野妹子在推古天皇十五年（607年）出使隋朝时带去的文书。隋炀帝阅后十分不悦，但因文章气势不凡，他放心不下，所以派裴世清前往大和朝廷一探究竟。裴世清携带的国书中写道"皇帝问倭王云云"，日本的复信中则使用"东天皇云云"。《善邻国宝记》中，鸟羽天皇时期，中原师安等援引《经籍后传记》，记载了上述经过：

> 日出处天皇，致书日没处天子。隋炀帝览之不悦，犹怪其意气高迈。遣裴世清等十三人，送因高来观国风。其书曰，皇帝问倭王。圣德太子甚恶其黜天子之号为倭王，而不赏其使。乃报书

曰，东天皇白西皇帝。云云。

以上种种无不印证了圣德太子在外交上的坚决、果敢。圣德太子一生致力于将外来文明引入日本，是彻头彻尾的"崇洋者"。不过，圣德太子绝不媚外。

第7章
《十七条宪法》

第 1 节

《十七条宪法》的文辞

　　推古天皇十二年 (604年) 四月，圣德太子制定《十七条宪法》，向群臣颁布。这是圣德太子一生之中最卓越的政绩。不过，关于《十七条宪法》的制定时间仍存在分歧。《日本书纪》记载《十七条宪法》的制定时间是上述推古天皇十二年四月，而《上宫圣德法王帝说》记载为推古天皇十三年 (605年) 七月。除此之外，还有数种不同说法。不过，不容置疑的是，《十七条宪法》是日本人著写的最古老的汉文，充分展现了圣德太子的汉文造诣。《十七条宪法》虽不能称文辞流畅，但古朴大方、格高意远，显然是唐宋以前的风格。有儒者评价《十七条宪法》文风可比《尚书》，大有汉魏遗风。在那个年代，日本人能写就如此汉文，着实令人赞叹。当时，与中国、朝鲜半岛相关的汉文事物主要由原本就使用汉字的归化人及其后代负责，而日本人直接书写汉文章仍然十分困难。应神天皇时期，汉学传入日本。这就好比当今社会，有一门十分生僻的小语种传入日本，与此相关

的教学方法尚不完善。当时，真正能够接触并学习汉学的是少数权贵，因此，汉语言在日本的传播进程十分缓慢。当时，日本与外国往来都要使用译语①，而负责翻译的都是归化人的后代。据《日本书纪》记载，应神天皇十六年（285年），汉学传入日本，到圣德太子年间虽经历了三百余年，但其间汉学的影响范围不大，传播力不强。此外，很多学者一致认为，《日本书纪》中关于推古天皇以前无历书时代的记载存在很多谬误，不能作为讨论的依据，因此，圣德太子之前汉学是否已传入日本三百年值得怀疑。此处暂且假设《日本书纪》中的纪年是正确的，那么应神天皇十六年（285年）汉学传入日本的一百多年后，即履中天皇四年（403年），终于有了"始之于诸国置国史，记言事达四方志"。大和王朝开始广泛将汉文字用于公文。但这时的汉文仍然由归化人及归化人的后代负责，并不是日本人直接写作。而圣德太子派往隋朝的留学生也都是归化人的后代，即当时日本所谓的汉人（参见前文）。当时的翻译官叫鞍作福利，乃归化人的后代。综上所述，圣德太子时代日本人写作汉文绝非易事。《十七条宪法》后来也经过了外国人及归化人的修改，但原稿由圣德太子撰写。这些都是从汉文学的角度来解读《十七条宪法》，但其最大的价值无疑于其精神内涵。

---

① 译语，翻译、转译后的语言。——译者注

第 2 节

《十七条宪法》的性质

　　《十七条宪法》的内容确实有过于简古之嫌，其文章从表面来看像大而空的抽象训诫，有的地方甚至很难理解。不过，细读之下就会发现它绝不仅仅是抽象的训诫，而是契合了当时社会形势的法律政令。通过阅读《十七条宪法》，读者可以窥见当时的社会、政治形势，改革需求及政令要求。《日本书纪》中记载了《十七条宪法》，读作"イツクシキノリ"，而《上宫圣德法王帝说》中仅记录为"十七条法"。近来有不少学者认为《十七条宪法》根本不算法律，而是一种道德训诫。法律不会教导人们从善，而是告诫人们不要作恶，并规定好如何制裁触犯戒律的人。《十七条宪法》完全没有这方面的内容，所以不能称作法律。不过换个角度来讲，在那个以德治天下的时代，道德和法律的界限本来就不分明。官府公布的道德训诫对下层百姓来讲其实具有法律效力。圣德太子将《十七条宪法》作为社稷的根本，以此为准绳来制定执政方针。在当时的时代背景下，《十七条宪法》可谓名副其实的法律。

第 3 节

儒者的宪法观

虽然《十七条宪法》超越了广泛的道德训诫范畴，堪称完备的政令，但因其文章体裁等晦涩难懂而一直饱受儒者的诟病。例如，新井白石[①]就称《十七条宪法》是圣德太子为方便宣扬佛教而拟定的，主旨无外乎诸恶莫作；安积艮斋[②]则称《十七条宪法》中儒家道德其实比佛教道德还多，而圣德太子的本意本是弘扬儒家思想，只是剽窃了儒家学说充当自己的治世之道而已。儒者对圣德太子的诽谤远不止这些，只能说此辈不懂历史，也不了解当时的局势，妄加评断，不能算作正论。

---

① 新井白石（1657—1725），日本江户时代中期的旗本（武士身份的一种）、政治家、朱子学者。——译者注

② 安积艮斋（1791—1861），日本江户时代末期的朱子学者。——译者注

第 4 节

政治改革之本

　　前文已经提过，《十七条宪法》第一条中就写道："人皆有党，亦少达者。"这无疑是对当时氏族政治弊害的反思与警诫。《十七条宪法》第七条中言道"为官求人，为人不求官"，十二条有"国靡二君，民无两主。率土兆民，以王为主。所任官司，皆是王臣"，以上内容都是对废除氏族政治、废除土地及劳动力私用制度做的铺垫。自古以来，封建制度下一国可有二主，即天皇与各领主。而《十七条宪法》的一系列规定，明确了国家之主唯天皇一人，其他任何人都没有资格称为君主，这样就使国家大权由天皇一人掌控。于是，各官员成了王臣，国造、伴造也都成了天皇的臣民，与一般子民无异，从属于天皇，不再是地方统治者。这个道理在今天看来可能稀松平常，但在氏族政治时代可谓石破天惊。《十七条宪法》第十二条的规定成了大化改新的根本思想，在意识形态上为改革扫清了障碍。《十七条宪法》第三条中"承诏必谨。君则天也，民则地

也"，"君言臣承，上和下睦"等句也强调了所有臣民对天皇的绝对服从。大化改新废除土地私有制，到明治维新时期藩主奉还土地，其根本都要追溯到圣德太子的政治改革。此次改革的第一要务就是建立上和下睦、臣下服从的政治秩序。《十七条宪法》篇首的"以和为贵，无忤为宗"是其根本宗旨，意在摒弃以往的氏族争斗，令臣下和睦相处并服从于天皇。那么具体怎样构建上和下睦的政治秩序呢？圣德太子给出的答案是伦理道德。圣德太子寻求的伦理道德来自佛教。《十七条宪法》第二条中写道"笃敬三宝"，"其不归三宝，何以直枉"，充分体现了圣德太子将佛教教义视为道德基石。这条规定紧跟在第一条的总则后面，也从侧面印证了上述观点。圣德太子坚信政治必须建立在道德的基础上，因此，在制定冠位十二阶时就体现了这一点。《十七条宪法》也紧紧围绕着这一点。综上所述，政治以上下和合为宗旨，和合的实现有赖道德，道德来源于佛教的正心诚意。《十七条宪法》其余十五条进一步展开论述了道德为何物，在具体情境下怎样用它来规范自己的行为。

第 5 节

圣德太子与儒教

　　既然圣德太子推崇佛教为治国安邦之根本，那么他制定的《十七条宪法》应该主要体现佛教教义，但其中出现了许多儒教训诫又是为什么呢？笔者认为，当时佛教和儒教并不像我们今天这样泾渭分明。想必圣德太子将二者皆视为新的外来文明的要素，从而未加区分地予以采纳，并不感觉矛盾。试想，当时又有谁能预料到后世的儒佛之争呢？现实已经否定了儒者们关于圣德太子"只知佛教，不知其他"的观点，而圣德太子本人不是佛教徒，也没有视儒教为敌而加以拒斥的必要，更没有窃取儒家思想的必要。后来的佛教徒认为圣德太子融合了佛教和儒教，也是牵强附会之辞。后世的两教之人皆各怀私心、各执一词，但圣德太子当时并没有这些复杂的想法。这不禁令人想起明治时代传教士将基督教带到日本，传教士用西洋哲学来解释基督教的合理性。而恰恰是这套赋予了基督教合理性的西洋哲学，后来成了打击基督教的口实。可见，同样的因素在不同逻辑的

作用下，可能演化出相反的结果。事物发展的因果之间存在多种逻辑可能性，将后来的逻辑强行套用在初始情境上是武断又荒唐的。

　　总体上来讲，圣德太子是推崇佛教的。但因如此德川时代的儒者就不辨是非，一口咬定圣德太子排斥儒教及神道教，着实是毫无根据的谬论。圣德太子派往中国的留学生中有个叫南渊请安的人。他便是受命研究儒教，后来成为圣德太子时代的大儒。《日本书纪》中记载，中大兄皇子、中臣镰足师从南渊先生学习周孔之道。这里的南渊先生即南渊请安。由此可见圣德太子不仅推广佛教，还同时采纳了儒教。儒教乃治国平天下之道。众所周知，在日本颁布《大宝令》后，大学、国学开始教授儒学，培养官吏。这种学制在天智天皇——天智天皇曾师从南渊请安——时期大致成形，并且圣德太子曾派遣的留学生献计献策才促成了该学制的形成。圣德太子时代的政治改革尚未发展到建立学制的水平，因此，儒教的引入并未受到关注。实际上，《十七条宪法》中大量引入了儒教道德，旨在规范官吏的政治行为，后来发展成《大宝令》以后学制的思想根源。

第 6 节

《十七条宪法》概观

　　《十七条宪法》第三条以下的内容概括起来就是仁、义、礼、智、信，其主旨与之前的冠位十二阶并无二致。其中需要注意的是，圣德太子特别强调了"礼"的重要性。这是因为当时阶级秩序尚不稳定，文明有待开创，要想建立秩序必须格外强调"礼"。此外，在与外国交往的过程中，日本也越发感受到礼的重要性，深恐自己被视为蛮夷之邦而贻笑大方。《十七条宪法》第三条中规定："君臣如天地，秩序有上下，君上之命臣下遵从之。"这条规定触及土地私有制，为大化改新废除私有制做了铺垫。与此同时，严格讲求上下秩序，也为孕育礼制创造了空间。第三条中还有"群卿百僚，以礼为本。其治民之本要在乎礼"，是对"礼"的重要性的最直接描述。冠位十二阶最主要的是强调上下的阶级秩序，而从其内容来看，一系列繁杂的服饰讲究无疑体现了对美的追求。《十七条宪法》颁布后的同年 (604年) 九月，"凡出入宫门以两手押地，两脚跪之。越梱则立行"。

这是关于朝礼的规定，先在宫门外双手伏地行大礼，跨过宫门槛后站立行走。之后隋朝的裴世清来访，以及后来的推古天皇十八年（610年）新罗任那的使者来访，大和朝廷皆以大礼相待，朝臣们举手投足间无不庄重有礼。可见，当时对礼确实非常重视。

前文已经提到，《十七条宪法》第九条中出现了"信"和"义"："信是义本"，"其善恶成败，要在于信"，体现了对"信"的重视。《十七条宪法》第十一条中"赏罚必当""日者赏不在功，罚不在罪"是对当时朝臣政治表现的警醒劝诫。由此可以推测当时存在赏罚不明的问题。除了"赏罚必当"，《十七条宪法》第五条论述了判决的公平性问题，第八条对执行公务的时间做出了指示，第十二条中"国司国造，勿敛百姓"及第十三条、第十六条中的相关训诫，都是对当时政治问题做出的切实有效的指示。那些认为《十七条宪法》只是空洞的道德训诫的读者，显然没有读出这层深意。

《十七条宪法》是政治规章，具有明确的政治理念。其中的诸多儒教学说就是治国安邦之道。

第 7 节

《十七条宪法》条目

　　上文对《十七条宪法》做了大致说明，下文将详细介绍其原文。《日本书纪》《圣德太子传历》《拾芥抄》等书皆收录了《十七条宪法》。这些典籍在个别字眼上略有出入。《群书类从》比较了这些典籍并进行了修订。尽管《群书类从》也存在不妥之处，本文姑且选择《群书类从》进行说明[①]：

　　一曰，以和为贵，无忤为宗。人皆有党，亦少达者。是以或不顺君父，乍违于邻里。然上和下睦，谐于论事，则理自通，何事不成。

　　二曰，笃敬三宝，三宝者佛法僧也。则四生之终归，万国

---

① 有人将圣德太子的《十七条宪法》称为佛教宪法或神道教宪法，这是后人愚蠢的杜撰。根据以下引用的《十七条宪法》原文可看出，它与杜撰者的描述完全不同，所以不是佛教宪法。——原注

之极宗。何世何人非贵是法。人鲜元恶，能教从之，其不归三宝，何以直枉？

三曰，承诏必谨。君则天之，臣则地之。天覆地载，四时顺行，万气得通。地欲覆天则致坏耳。是以君言臣承，上行下效。故承诏必慎，不谨自败。

四曰，群卿百僚，以礼为本。其治民之本要在乎礼。上不礼而下非齐，下无礼以必有罪。是以君臣有礼位次不乱，百姓有礼国家自治。

五曰，绝餮弃欲明辨诉讼。其百姓之，一日千事。一日尚尔，况乎累岁？顷治讼者，得利为常。见贿听谳，有财者之讼。如石投水，乏者之讼。似水投石，是以贫民则不知所由，臣道亦于焉阙。

六曰，惩恶劝善，古之良典。是以无匿人善，见恶必匡。其谄诈者，则覆国家之利器，为绝人民之锋刃。亦佞媚者，对上则好说下过，逢下则诽谤上失。其如此人，皆无忠于君，无仁于民，是大乱之本也。

七曰，人各有任掌，亦不滥。其贤哲任官，颂音则起。奸者有官，祸乱则繁。世少生知，克念作圣。事无大小，得人必治，时无缓急，遇贤自宽。因此国家永久，社稷勿危。故古圣王，为官以求人，为人不求官。

八曰，群卿百僚，早朝晏退。公事靡监，终日难尽。是以迟朝不逮于急，早退必事不尽。

九曰，信是义本，每事有信。其善恶成败要在于信。君臣共信何事不成，君臣无信，万事悉败。

十曰，绝忿弃瞋不怒人违。人皆有心，心各有执。彼是则我非，我是则彼非。我必非圣，彼非愚，共是凡夫耳。是非之理谁能可定，相共贤愚，如环无端。是以，彼人虽瞋，还恐我失。我独，难得，从众同举。

十一曰，明察功过，赏罚必当。日者赏不在功，罚不在罪。执事群卿，宜明赏罚。

十二曰，国司国造，勿敛百姓。国靡二君，民无两主。率土兆民，以王为主。所任官司，皆是王臣。何敢与公赋敛百姓。

十三曰，诸任官者，同知职掌。或病或使，有阙于事。然得知之日，和如曾识。其以非与闻，勿妨公务。

十四曰，群卿百僚，无有嫉妒。是以五百岁之后，乃遇贤，千岁以难待一圣。其不得贤圣，何以治国。

十五曰，背私向公，是臣之道矣。凡人有私必有恨，有恨必非同。非同，则以私妨公。恨起，则违制害法。故初章云，上和下睦，其亦是情欤。

十六曰，使民以时古之良典。故冬月有间，以可使民。从春至秋，农桑之节，不可使民。其不农何食，不桑何服。

十七曰，大事不可独断，必与众宜论。小事是轻，不可必与众。唯逮论大事，若疑有失，故与众相辨，辞则得理矣。

《十七条宪法》中，"上和下睦"出现了两次，这是圣德太子的根本政治理念。圣德太子认为，只要"上和下睦"，自然四海安稳、万民和乐、国泰而民安。实现"上和下睦"的政治目标，要靠道德的手段。在圣德太子以德治天下的思想中，渐渐孕育出了奈良朝政教合一的胚胎。

第 8 节

《十七条宪法》不讲孝悌

有学者认为《十七条宪法》中没有谈到孝悌[①]，因此存在缺陷。然而，《十七条宪法》并非个人道德训诫，而是更广泛意义上的政治思想。狭义来讲，它是对执政者政治行为的规范，因此，确实不需要涉及孝悌。并且上文已经数次谈到，《十七条宪法》的核心思想主要来源于儒教五常，而不是八义，所以没有涵盖孝悌。

[①]　儒教八义为仁、义、礼、智、忠、信、孝、悌，《十七条宪法》涉及仁、义、礼、智、忠、信六项。——原注

第 9 节

圣德太子与神道

　　《安斋随笔》及很多历史著作认为《十七条宪法》忽视神道，因此大肆责难圣德太子。《大宝令》中，太政官之前有神官，而圣德太子时代仍保留着神官。可见，圣德太子绝没有忽视神道。《大宝令》中神官在太政官之前，并不代表神官官职高于太政官。太政官以下官署皆直接掌管各类政务，但神官性质与其他官署大不相同，并不插手政务，因此，在《大宝令》中被记录在最前面。就好比现在的内阁和宫内省①的关系。宫内大臣官职高于内阁总理大臣的说法显然是不恰当的。从这个角度来讲，《十七条宪法》的主旨是论述政治思想及从政规章，没有论及神道并不代表忽视神道。《日本书纪》记载推古天皇十五年（607年）二月九日：

---

① 宫内省，日本律令制规定下的八省之一，负责管理皇宫修缮、宫内饮食起居、医疗等事务，同时管理皇室财产。昭和二十四年（1949年）起改为宫内厅。——译者注

诏曰，朕闻之，曩者我皇祖天皇等宰世也。蹋天蹐地，敦礼神祇，周祠山川，幽通乾坤，是以阴阳开和，造化共调。今当朕世，祭祀神祇，岂有怠乎？故群臣为竭心，宜拜神祇。

随后的十五日：

皇太子及大臣，率百寮以祭拜神祇。

可见，圣德太子并未排斥传统风俗，不是崇洋媚外的激进派。《日本书纪》记载的这份诏书就与圣德太子密切相关。而佛教徒声称圣德太子融合了神、儒、佛三教，未免言过其实。

第 10 节

本地垂迹说①的起源

接下来，笔者将对日本佛教中本地垂迹说的起源略做说明。最近，关于日本历史有一种说法，认为本地垂迹说在圣德太子时期萌芽，这实属无中生有。只因圣德太子崇尚神佛，佛教的弘扬者就做出了这个离谱的妄断。然而事实上，本地垂迹说的发端很可能是在圣德太子去世多年后，并且具体年代根本无从推测。当时，人们向神佛祈愿，祈求神佛保佑国泰民安，这种信仰逐渐发展成神佛一体的思想。佛经中提出本地垂迹的说法，认为诸天善神皆为护法神。日本直接套用这个体系，并视神道中的诸神为善神。《金光明经》中详细记载了诸天善神，其中四天王护佑人

---

① 一种神佛合一的思想，认为日本神道中的八百万神其实是佛教中各位佛菩萨在日本的化身。——译者注

间，被誉为护世四王，这也成了日本本地垂迹说的理论依据①。此外，历史上还有几种讨论：一是认为本地垂迹说形成于奈良时期，是行基菩萨②在弘扬佛法的过程中创立的；二是认为本地垂迹说的起源是真言宗将伊势神宫的天照大神奉为大日如来的化身。上述说法都十分荒谬。本地垂迹说不过是神道者在佛教鼎盛时期的附势之举，为迎合佛教而杜撰的。且不说奈良朝时期大日如来根本没有传入日本③，东大寺的卢舍那佛与真言宗的毗卢遮那佛根本就不是一回事，毗卢遮那佛即大日如来，东大寺的卢舍那佛是华严宗的佛。真言宗供奉法身佛，华严宗供奉报身佛。一些神道者对佛教的基本事实缺乏认知，混淆视听，将东大寺大佛与伊势神宫的神相提并论，并攀扯上行基菩萨，杜撰了本地垂迹说的起源。本地垂迹起源的记载最早出现在《太神宫诸杂事记》等神道者编写的典籍中，也印证了笔者的论点。与其说佛教徒为弘教之便而创立本地垂迹说，倒不如说神道者为了稳固自身地位而利用了佛教。东大寺竣工之际，宇佐八幡宫的神官十分欢喜，特地从九州赶到奈良表示敬贺。从中可以窥见当时的神官是如何处心积虑讨好佛教的。八幡宫保留了日本最早的本地垂迹说的文物，分布在宇佐八幡宫、箱崎八幡宫等三四处。《延喜式神名帐》中出现了八幡大菩萨的菩萨称号。关于本地垂迹说还有许多未尽的讨论，上文只摘选了与圣德太子有关的内容，并澄清了其中的谬误。

---

① 圣德太子下令建造四天王寺，也是源于此。但这并不代表本地垂迹说在当时已经形成。——原注
② 行基菩萨（668—749），活跃于日本飞鸟时代至奈良时代的佛教僧人。——译者注
③ 密教是在平安朝初期由弘法大师传入日本。——原注

第 11 节

《五条誓文》与圣德太子的《十七条宪法》

明治维新时期，明治新政府建立后，颁布了《五条誓文》作为施政纲领。《五条誓文》由由利公正[①]起草宗旨大意，参议后藤象次郎[②]等加以修订，其内容与圣德太子的《十七条宪法》惊人的一致。《五条誓文》第一条"广兴会议，万机决于公论"对应圣德太子《十七条宪法》第十七条"大事不可独断，必与众宜论"；《五条誓文》第二条"上下一心，盛展经纶"对应《十七条宪法》第一条"上和下睦"；《五条誓文》第四条、第五条"破除旧来之陋习，一本天地之公道"，"求智识于世界，大振皇国之基业"对应圣德太子的儒佛二教思想。明治时期儒佛二教被视作世界智识与天地公道。《十七条宪法》第二条的"四生之终归，万国之极宗"，印证了这一点。其中，"四生之终归"对应天地之公道，"万国

---

① 由利公正（1829—1909），日本的武士（福井藩士）、政治家、财政家、实业家。——译者注
② 后藤象次郎（1838—1897），日本的武士（土佐藩士）、政治家、实业家。——译者注

之极宗"对应世界之智识。由此看来，圣德太子的《十七条宪法》在日本宪法史上具有举足轻重的地位，甚至演变为明治维新的指导纲领《五条誓文》。

第8章
圣德太子时代之前与之后的佛教

　　圣德太子对佛教的直接贡献主要有三点，第一是建造寺院，第二是讲经说法，第三是著述经疏。在展开说明这三点前，有必要介绍一下圣德太子时代之前与之后的佛教发展状况。

第 1 节

佛教传入日本的时间

　　关于佛教究竟是何时传入日本，一般采用《日本书纪》的记载，认为钦明天皇十三年（552年）十月，百济进献佛像经卷等物，此为日本佛教发展的开端。然而，《日本书纪》实际上多有谬误。比《日本书纪》可信一些的《上宫圣德法王帝说》就出现了不同的记载。因此，采纳《日本书纪》的说法非万全之策。诸典籍的权威性不是本书讨论的重点，因此，这里省略考证的过程。最终，笔者采纳了《上宫圣德法王帝说》"志癸岛天皇御世戊午年十月十二日"百济遣僧侣携佛像经卷来朝的说法，即佛教于钦明天皇八年（547年）传入日本。也就是圣德太子出生的三十七年[①]前。

---

① 作者笔误，圣德太子生于574年，此处应为二十七年。——译者注

第 2 节

国神与蕃神

　　日本历史中关于佛教的记载，最早仅能够追溯到圣德太子出生前的二三十年。其间，佛教的传入引起了一系列政治纷争，前几章已经讲述了大部分内容，接下来对没有讲到的地方补充一二。

　　百济进献佛像经卷后，关于天皇是否应该礼拜，朝中发生了争论。当时，人们认为佛与神都是神明，如果天皇供奉蕃神①，则会触怒国神②。因此，物部氏（以物部尾舆为首）、中臣氏（以中臣镰子为首）联合反对佛教。佛与神的区别在于一个是日本本邦的神，另一个是外邦的神。神明具有威力，直接监视人类行为，护佑或惩罚人们，而人类可以向神明祈愿、祈祷。朝中反对佛教的一派认为，宫中已经供奉了神镜、神剑、神玺三种神器，由天皇躬身侍奉，日本已经得到了神明的庇佑，为何还要将蕃神请入宫中，侍奉祈

---

① 蕃神，主要指佛教中的佛菩萨。——译者注
② 国神，指日本本土神道教中的神。——译者注

愿，这难道不是多此一举吗？因此，朝中关于国神、蕃神的争论其实是要不要在宫中供奉佛像，天皇可否礼拜佛像及可否同等对待国神、蕃神的问题。

当时，钦明天皇认为，大可不必排斥一切蕃神，尽管不宜将蕃神即刻请入宫中，但一旦接受了贡品，就再难退还给百济。因此，钦明天皇暂且将佛像赐予苏我稻目，令其虔诚礼佛，并观其是否灵验。"天皇曰，宜付情愿人稻目宿祢，试令礼拜"，诚心礼拜以"探试"其是否灵验。

第 3 节

瘟疫与佛教

　　佛教传入日本二十多年后，钦明天皇三十一年 (570年)，日本突然暴发了大规模瘟疫。当时，这场瘟疫被称为痘疮，想必就是现在所说的天花。这种前所未有的疫病从朝鲜大陆传入日本，犹如鼠疫一般，在当时卫生条件不好的情况下迅速蔓延，引起了巨大恐慌。在《和赞》中，亲鸾上人称佛教与热病 (瘟疫) 在词源上同出一处，因此，当时的人们都称佛为"ほとほりけ"，该说法本来就是错的。ホトケ (佛) 经历了从佛陀 (ブッダ) 到浮图 (ブト) 的演变。当时在朝鲜半岛，ホトケ读作ホト，传入日本后才在末尾加上了接尾词ケ。佛 (ホトケ) 的读音显然是从梵文演变而来。然而，由于瘟疫造成的特殊社会形势，佛教被牢牢地与热病捆绑在了一起。

　　敏达天皇因感染痘疮驾崩。用明天皇即位的第二年 (587年) 四月，亲临磐余的河上进行新尝祭①，不幸在此感染痘疮，回宫后不久便驾崩了。圣德太

---

① 　日本天皇用当年新谷敬奉诸神并亲自尝食的祭祀仪式。——原注

子十有八九也死于此病。在照看圣德太子的过程中，太子妃膳大郎女也不幸感染，于圣德太子离世的前一天先行离世。王公贵族尚且都无法抵抗疫病，可以想见在平民百姓中，疫病的传播该是何等猖獗。

　　人们一致认为，此次瘟疫的起因是钦明天皇没有拒绝接受佛教，并将佛像留在日本没有送还百济，因此遭到了天谴。物部尾舆与中臣镰子联名上疏奏请钦明天皇取缔佛教。最终，苏我稻目只得焚烧了安置佛像的向原寺佛殿，并将焚烧后的佛像残余带到难波，投入堀江入海口使其漂回百济。佛教传入日本的时间与瘟疫大流行的时间吻合。一时间，佛被视为瘟神。就连钦明天皇也非常赞同物部尾舆、中臣镰子的奏章，"灼然，宜断佛法"，从而下令取缔佛教。关于这段史实，《日本书纪》有两处记载，一是钦明天皇十三年（552年）"于后国行疫气云云"，天皇批准物部尾舆、中臣镰子的联名奏章，下令烧毁向原寺佛殿。二是敏达天皇十四年（585年），物部守屋和中臣胜海参与了此次取缔佛教行动。第二处记载应该是某种误解，《日本书纪·钦明纪》中的"于后"，从《上宫圣德法王帝说》的记载来看也应该是指钦明天皇时期。联名奏章中的"陛下不听臣等之言，以致有此祸端"，显然是对钦明天皇留佛像于日本而不返还百济的责备，而烧毁佛殿、佛像的不可能是物部守屋和中臣胜海，只能是物部尾舆和中臣镰子。相传，在烧毁佛殿时，物部尾舆也十分畏惧蕃神的魔力。在烧毁佛殿的行动中，物部尾舆坐镇指挥。当时，万里晴空骤然转为风雨交加，他披着斗笠战战兢兢地完成了任务。这应该是讹传，但体现出人们对烧毁佛殿心存疑惧，所以担心报应。

第 4 节

佛教再起

敏达天皇十三年 (584年)，百济的鹿深臣 (名不详) 来到日本，顺便带来了一尊弥勒石像。还有同行的一人叫佐伯连，也带来一尊佛像。由于这两尊佛像的到来，一度销声匿迹的佛教又开始萌芽。为安置佛像，苏我马子在石川宅邸的东侧建造寺院，即后来所谓的石川精舍。寺院准备妥当后，急需僧侣供奉佛像和管理寺院。苏我马子派司马达等、池边直冰田二人遍寻四方修行者。他们在播磨国寻到了高句丽的还俗僧惠便，并请惠便主持寺院、传播佛法。司马达等有一女，名唤岛，年十一。司马达等让她出家，师从惠便，此后被称为"善信尼"。善信尼又收了两名弟子——禅藏尼 (俗名丰) 与惠善尼 (俗名石女)。这三个尼姑是日本最早的出家人。后来，三人前往百济学习戒律，此时善信尼十五岁。三人在百济停留两年后返回日本。苏我马子以这两尊佛像为由，蓄意再兴佛教。此举遭到物部守屋、中臣胜海的强烈反对。他们下令逮捕并拘禁了三个尼姑。然而此时，敏达天

皇与物部守屋都患病在身，据说，敏达天皇与物部守屋正是不知如何应对苏我马子再兴佛教之举，因此忧劳成疾。敏达天皇下令赦免了三个尼姑并将她们遣回苏我马子处，并对苏我马子说"汝可独行佛法"。这样一来，佛教迎来了重新发扬光大的机会。

第 5 节

佛教拥护者

　　佛教传入日本后，受到苏我氏的大力拥护。最初，钦明天皇赐佛像予苏我稻目，后来苏我稻目之子苏我马子继承父志，继续外护[①]（佛教用语）。苏我稻目起初将佛像安置在向原寺，后被烧毁。苏我马子后来则在石川宅邸东侧修建了石川精舍，重建了向原寺，后在石川精舍旁修建佛塔，即大野丘塔，供奉开光佛舍利。除苏我氏外，鞍部氏在佛教外护上也功不可没。鞍部氏的祖先要追溯到应神天皇时期，他们是从朝鲜归化的中国人后代，原姓司马。佛教传入时，司马达等为佛教事业竭力奔走。人们通常以为司马达等是继体天皇时期从中国来到日本的归化人，即他本人是纯粹的中国人。这是错误的见解。司马达等其实是更早时期的归化人的后代。对此，平子铎岭做过详细的考证。司马达等共育两个孩子，一男一女，男孩叫鞍部多须那，女孩就是前面提到的岛（善信尼）。岛是日本第一位出家人，鞍部多须那是日本第一位僧人。用明天皇生病期间，鞍部多须那悲痛

---

① 以权力和财力保护并普及佛教。——译者注

万分，上奏说："愿出家，造丈六佛像及寺，为天皇祝祷。"用明天皇驾崩后，这次发愿所造寺院在鞍部家宅的南渊之地建成，该寺院后来发展成坂田尼寺。与该寺院一同完成的还有木雕丈六佛及胁侍菩萨像。鞍部多须那此时已出家，号"德齐法师"。鞍部氏原是负责制作马鞍的家族，此后开始兼顾佛像雕刻。坂田寺的丈六佛想必就是鞍部多须那自己雕刻的。鞍部多须那有一子叫鸟[①]。他创立了飞鸟式佛像，成为推古天皇时期家喻户晓的大雕刻家。鞍作止利雕刻的元兴寺本尊不破堂户而入内，令推古天皇赞叹不已。于是，推古天皇授予鞍作止利大仁之位，以彰其父祖以来的兴佛之功，并赐他近江国坂田郡水田二十町[②]。鞍作止利没有将推古天皇所赐土地据为己有，而是在此地建造寺院——他改建了父亲鞍部多须那当年建造的寺院，取名"金刚寺"。因金刚寺所在地隶属坂田郡，金刚寺又被称作"坂田寺"。

　　佛教外护者还有一人，那就是当年与司马达等一同受苏我马子之命遍寻四方修行者的池边直冰田。史料中关于此人的记载很少，只知道他是一个杰出的雕刻家。平子铎岭对池边直冰田予以极高的评价，认为他是日本艺术史上的第一人。《日本书纪·钦明纪》中，钦明天皇十四年（553年），河内海中打捞上来一块上等楠木，池边直冰田奉命用其雕刻佛像。丈六阿弥陀佛像雕成后被安置在向原寺，《日本灵异记》中记载向原寺被烧毁时，池边直冰田携佛像逃到庄稼地中藏匿。此像后来被安置在吉野的比苏寺，称作放光阿弥陀佛像。相传，比苏寺由圣德太子兴建，但这种说法不太可信。佛像后来何去何从呢？大概是随着比苏寺的焚毁一起消亡了。

---

① 　即鞍作止利。——译者注
② 　町，一町约合九千九百一十七平方米。《令义解》的田令规定，一段收稻五十束，一町得
　　五百束。一町水田可以收获五百束稻米。——译者注

第 6 节
佛教入宫

在排佛派的大力阻挠下，佛教传入日本后曾一度销声匿迹。随着鹿深臣等再次将佛像带到日本，以及后来的三尼出家、修建石川精舍，佛教重新迎来了曙光。苏我马子一族、鞍部一族及池边直冰田等不懈奔走、殚精竭虑，才有了佛教后来的一系列发展。苏我马子兴建大野丘塔之时，得到了炊屋姬皇后（后来的推古天皇）的帮助。可见，当时皇室中已经出现了信佛者。用明天皇患病时，也曾寄希望于佛前祷告："天皇诏群臣曰，朕欲归三宝，卿等议之。"

此事自然引起了物部守屋、中臣胜海一派与苏我马子之间的激烈争辩。当时，皇弟穴穗部皇子野心尚未萌发，他奉用明天皇敕令将丰国法师引入宫中，从而使"物部守屋大连邪睨大怒"。丰国法师是丰国（现在的丰前和丰后）一带的僧人，此人的具体来历不详。总之，这是首次僧人入宫为天皇祝祷安康。回想佛法刚刚传入日本时，围绕天皇可否礼拜佛像引发了皇宫

佛像奉安论之争，而此次祝祷宣告了佛教的阶段性胜利。崇佛、排佛之争也终于告一段落。此前，敏达天皇曾对苏我马子说"汝可独行佛法"，这使佛法获得了朝廷认可。炊屋姬皇后及圣德太子为用明天皇祈福，发愿造寺造像，穴穗部皇子不顾众议将佛像引入宫中，说明当时皇室中已有不少人开始信奉佛教，弘扬佛法的转机已到。丰国法师入宫祈愿促成了日后皇宫内道场的建立。内道场建立后，于圣德太子时期被列入宫中正式部门之一。孝德天皇大化改新之际，明文规定内道场设十名祈愿僧。"以沙门狛大法师、福亮、惠云、常安、灵云、惠至、寺主僧旻、道登、惠邻、惠妙而为十师"，这就是后来内供奉十禅师的起源。

第 7 节

穴穗部皇子的态度

需要注意的是，穴穗部皇子起初是一个崇佛者，与物部守屋一派对立。后来用明天皇驾崩后，穴穗部皇子篡逆心起，遂勾结物部守屋从而对抗苏我马子一派。足见当时两派斗争绝不是单纯的宗教争论，其中还有复杂的政治角逐。

在宗教、政治斗争告一段落后，圣德太子踏上政治舞台，开启了他的改革之路。

第 9 章
圣德太子建立的寺院

第 1 节

《古今目录抄》中记载的四十六寺

　　圣德太子建立了多少座寺院？这个问题没有确切答案。史料中关于此事的记载有很多可疑之处。《古今目录抄》中有：

　　　　吾为利生，出彼衡山入此日域。降伏守屋之邪见，终显佛法之威德。于处处造立卅（卌？）六个之伽蓝，化度一千三百余之僧尼。云云。

　　书中称此段为圣德太子亲笔，发掘于圣德太子墓。衡山是指中国的南岳，前文已经提到传说南岳慧思禅师是圣德太子前身。此外，《古今目录抄》还列举了圣德太子建造的四十六座寺院的名称，如下所示：

苻神寺	骏河岳山
△敬田院	
△疗病院	
太平寺	已上四寺今天王寺也
来立寺	同国 / 中门也
宝龙寺	镇守也
上宫王院	斑鸠宫御梦殿
法万寺	东门也塔婆也
法起寺	同所，池后寺亦云冈本寺
定林寺	同国
金刚寺	江州
味摩寺	同国，后云弥满寺
般若寺	江州
坂田寺	同国
百济寺	摄津国天王寺东面在之
武作寺	大和国橘京建之山大臣（苏我仓山田石川麿）造毕
山田寺	近江国或云长光寺
四天王寺	出羽国秋田城在之

阿弥陀院	信州后名善光寺本名百济寺
△悲田院	
茨田寺	河内
御庙寺	同国，名转法轮寺或科长寺或石河寺
鸟路寺	经藏也
圣国寺	讲堂也
元兴寺	同国，此寺有四寺，南门名也，中门亦此内也，此者
法兴寺	北门也讲堂食堂也
妙安寺	同国
葛城寺	同国
观音寺	同国
胜善寺	同国
△大宫寺	大和，金刚寺尼寺也，或本不入
丰浦寺	同国
当麻寺	太子舍弟建立蒙太子命建之麻吕古王也
瓦寺	江州
施蔗园寺院	法隆寺北山在之

四天王寺	摄津玉造
△施药院	同国，入不在有异议
△菅田寺	大和国此寺有七号，其中此南门名也
法隆学问寺	金堂也
七德寺	塔婆也
往生所寺	同国，橘寺也
飞鸟寺	西门也金堂也
中宫寺	同国，斑鸠尼寺，比丘尼法兴寺也，此寺
菩提寺	同国
熊凝寺	同国
缴寺	同国
△日向寺	大和国
妙教寺	同国
太子寺	美浓国，山背大兄怀胎之时为祈祷建之
久米寺	久米王子依太子命立之已上二寺大和国
怀堂	江州
野中寺	河内国，苏我大臣造

　　上面共列举了五十二座寺院。所列寺名中做了三角形标记的是存在争议的寺院，不能确定是否确为圣德太子建造。除七座不确定的寺院，如果把菅田寺或大宫寺算上，那么由圣德太子组织建造的寺院的数量是四十六座。另外，《圣德太子传历补注》的《私注抄》《法空抄》分别记载圣德

太子建造四十六座寺院，并各自列举了寺名，但这两处记载所列寺名与《古今目录抄》所列寺名各不相同。想来四十六座寺院的说法很可能来自《日本书纪》推古天皇三十二年（624年）的记录：

> 秋九月甲戌朔丙子，校寺及僧尼。具录其寺所造之缘，亦僧尼入道之缘，及度之年月日也。当是时，有寺四十六所，僧八百十六人，尼五百六十九人，并一千三百八十五人。

四十六寺的说法很可能是对《日本书纪》的牵强附会，所以才众说纷纭，没有定论。本章开头《古今目录抄》中所谓圣德太子亲笔，应该也是根据《日本书纪》凭空捏造的。

第 2 节

法头的实地调查

推古天皇三十二年 (624年) 起，朝廷设立僧官，统一管理僧尼。阿云连 (具体名不详) 被任命为法头，负责实地调查各寺僧尼及寺院土地收支情况。法头这个称谓在历史文献中出现过两次，一是关于阿云连的记载，二是孝德天皇下诏兴佛之时，《日本书纪·孝德纪》中记载：

> 凡自天皇至于伴造所造之寺，不能营者朕皆助作。令拜寺司与寺主，巡行诸寺。验僧尼奴婢田垄之实，而尽显奏。即以来目臣阙名三轮色夫君，额田部甥为法头。

僧正、僧都等僧官皆由僧侣担任，寺司与法头则由俗人①担任。据推

---

① 《日本书纪·推古纪》记载推古天皇四年 (596年)，苏我马子之子苏我善德完成了法兴寺的兴建，并在竣工后出任寺司。可见，寺司是由俗人担任的。——原注

测，寺主是类似住持的职位，只负责法事，其他一概不管，而寺司则管理寺院收支与其他杂务。僧正、僧都等僧官主要负责监管全体僧尼，至于寺院的财产账簿则由法头管理记录并汇报给朝廷。敕令中"验僧尼奴婢田垄之实，而尽显奏"，是下达给法头的指令[①]。推古天皇时期，法头实地调查后，发现全国共有四十六座寺院，一千三百八十余名僧尼。如果这些僧尼都生活在各寺院中，那么平均下来每座寺院有三十人左右。如果数据属实，那么当时的寺院规模可谓非常庞大。[②]因此，这些寺院的兴建全部与圣德太子直接有关的说法，根本不可靠。

---

① 不过，《古今目录抄》中记载，法隆寺后来又任命僧侣为法头，可见法头的性质在历史上发生了变化。——原注

② 元兴寺有东、西、南、北四门，据此四门又得四名，照此说元兴寺该有一百二十人左右——这实在难以想象。而且据此推算，法隆寺要超过二百人。这些数字究竟几分真假，值得考证一番。——原注

第 3 节

圣德太子建立的寺院（一）

那么，圣德太子究竟建造了几座寺院呢？《古今目录抄》的注释中有这样的记载："圣德太子建立七寺院者，法隆学问寺、四天王寺、法起寺、法兴寺、妙安寺、菩提寺、定林寺也。"[1]据说，《四节文》是圣德太子逝世前呈给推古天皇的四份遗奏，全文记录在《圣德太子传历》等典籍中。但此说法缺乏可靠性。此外，《古今目录抄》还记载：

太子建立寺 大宫寺 般若寺等四天王寺 法隆寺 法起寺（池后）法兴寺 菩提寺 妙安寺（葛城）定林寺 以上七伽蓝也。 元兴寺 百济寺（后寺也）蜂冈寺 六角堂 桂宫院（太秦寺）熊凝寺（大安寺）中宫寺 现光寺（比苏）日向寺（或说不入）妙教寺 坂田寺（宫所）茨田寺（河内）。

---

① 　出自《四节文》。——原注

　　以上总计二十一座寺，其中四天王寺及其后的七座寺院被特别计数，想来应该是与圣德太子渊源较深。[①]《四节文》中记载"奉为天皇并御世，御世天皇营造七寺，云云"，又有"以件伽蓝敬累陛下并御世，御世治天下"，都说明这七座寺院是圣德太子为了国家及皇室兴建的。《上宫圣德法王帝说》有"太子起七寺"，但与《古今目录抄》记载的七座寺院有出入，分别为：四天王寺、法隆寺、中宫寺、橘寺、蜂丘寺（蜂冈寺）、池后寺、葛城寺。

　　这是关于圣德太子建立七座寺院的最早的文献记载。[②]至于这七座寺院究竟是否为圣德太子所建，仍存疑。对此，我们也一筹莫展。

---

① 这二十一座寺院中，法兴寺与元兴寺是指一处寺院，《古今目录抄》却分别列举，令人费解。不过，近来也有人主张法兴寺与元兴寺是不同的寺院。此外，吉野的现光寺就是上文提到的吉野寺，又名比苏寺。此寺在四十六寺之外，寺中佛像由茅淳海中漂来的奇木雕刻而成。——原注

② 《太子传补阙记》中有类似记载，但法隆寺处换成了元兴寺，并注明另一说为法隆寺。——原注

第 4 节

圣德太子建立的寺院（二）

《扶桑略记》中记载：

> 太子所造寺等，合九院也。四天王寺、法隆寺、元兴，中宫
> 母后宫为寺也，橘寺、蜂冈 赐秦川胜蜂冈者广隆寺也，池后寺、
> 葛城寺、日向寺等也 以上传文。天王寺缘起云，圣德太子建八个
> 寺院。

此处，圣德太子建立寺院数目还有八寺、九寺两种说法。九寺之说在
前面七寺的基础上加入了广隆寺、日向寺，八寺之说则去掉了日向寺[①]。

可以看出，关于圣德太子所建寺院数目的不同说法很多，而这些寺

---

① 有说法将日向寺排除在四十六寺之外。《古今目录抄》的二十一寺中也对其备注"或说不
入"。——原注

院的建造年代大多也无法考证。众多寺院中，可以确定是圣德太子建造的其实仅有法隆寺、熊凝寺（大安寺）及四天王寺。此外，中宫寺、片冈寺大体上也可以肯定是圣德太子所造。熊凝寺是圣德太子逝世前请愿建立的御愿寺[1]，最初虽然是圣德太子发愿建造，但后来被认为是因推古天皇的圣愿而建造，因此，不算圣德太子建造。这样一来，确定是由圣德太子建造的就只有法隆寺及四天王寺了。

诸寺中，圣德太子最早发愿的是法隆寺，其次是四天王寺。元兴寺也常被认为是由圣德太子建造，此寺与四天王寺同时发愿。不过，苏我马子才是推动元兴寺建造的主力，圣德太子与推古天皇只是从旁辅助而已。因此，元兴寺不能与法隆寺及四天王寺相提并论。法隆寺的发愿时间略早于四天王寺，不过两座寺院的兴建时间大体相同。

---

① 御愿寺，天皇、皇后、亲王等发愿建造的寺院。——译者注

第 5 节

圣德太子幼年发愿造寺

　　我们发现了一个意外的事实。上文已经讲过，经考证，只有几座寺院能完全确定是由圣德太子建造的，并且建造年代也大多可考。令人意外的是，据文献记载，圣德太子是在年幼时发愿造寺的。这不禁让人怀疑，如此年幼的圣德太子真如传闻所言发愿建造寺院吗？例如，《扶桑略记》记载，四天王寺建于讨伐物部守屋之后的用明天皇二年 (587年) 。建造是否始于用明天皇二年姑且不论，但圣德太子发愿应该确为此时。此时，圣德太子年仅十四岁，当真能够发此宏愿吗？以上疑点让我们推测关于圣德太子发愿的记载很可能是后世杜撰的。虽然上述记载比较可疑，但还不足以否认圣德太子建造四天王寺的事实。而圣德太子十三岁发愿建造法隆寺的历史更是清清楚楚地记载于法隆寺金堂药师佛光背铭文中，该铭文广为流传：

　　　　池边太宫治天下天皇大御身劳赐时，岁次丙午年，召于大王

天皇与太子而誓愿赐。我大御病大平欲坐故，将造寺药师像作侍
奉诏。然当时崩赐造不堪者，少治田大宫治天下大王天皇及东宫
圣王。大命受赐而，岁次丁卯年侍奉。

"池边太宫治天下天皇"是指用明天皇，"丙午年"就是用明天皇元
年（586年）。用明天皇元年，圣德太子年满十三岁。此时的用明天皇将大王
天皇[①]，也就是敏达天皇的皇后与圣德太子叫到病榻前，发愿嘱托二人建造
寺院与药师佛，以佛法加持护佑病体痊愈。因此，就有了后来的"天皇诏
群臣曰，朕欲归三宝，卿等议之"。[②]不幸的是，用明天皇终未痊愈，不久
就驾崩了，造寺造像的誓愿也未能实现。圣德太子继承用明天皇遗愿，最
终完成了法隆寺与药师佛本尊的修建。"丁卯年"是推古天皇十五年（607
年），此时法隆寺竣工。这段铭文题在圣德太子亲造佛像之上，绝无差
错。圣德太子十三岁时就受命于父用明天皇，发愿造寺造像，因此，十四
岁祈愿建造四天王寺也不无可能。

---

① 铭文中的少治田大宫治天下大王天皇，即推古天皇。——原注
② 此诏颁布于用明天皇二年，见前文。——原注

第 6 节

兴建四天王寺的由来

相传，讨伐物部守屋之战中，朝廷大军形势非常不利。这时，随军出征的圣德太子立即向四天王[①]誓愿，如果四天王护佑朝廷大军获胜，就修建寺院供奉之。为保朝廷大军顺利得胜，圣德太子发愿建造了四天王寺，《日本书纪》记载：

> 大连[②]升衣楷朴枝间，临射如雨。其军强盛，填家溢野。皇子等[③]与群臣众[④]，怯弱恐怖，三回却迁。是时厩户皇子，束发

---

① 佛教中有须弥山，山有东西南北四位天神，东方持国天王，南方增长天王，西方广目天王，北方多闻天王。——原注
② 即物部守屋。——原注
③ 指随军诸皇子，即泊濑部皇子、竹田皇子、厩户皇子（圣德太子）、难波皇子、春日皇子等。——原注
④ 苏我马子及所率众将。——原注

于额，而随军后。自矜度曰，将无见败。非愿难成，乃斩取白胶
木，疾作四天王像，置于顶发而发誓言，今若使我胜敌，必当奉
为护世四王，起立寺塔。云云。

苏我马子也一同发愿道：

　　　凡诸天王大神王等，助卫于我，使护利益，愿当奉为诸天与
大神王，起立寺塔，流通三宝。云云。

最终，物部守屋被迹见赤梼射杀，所以诸皇子与苏我马子一方获胜。
圣德太子于是建造四天王寺，苏我马子则建造了元兴寺。

然而，《日本书纪》中关于圣德太子的记述往往夸大其词，偏离事
实。前文已经提到，《日本书纪》多次将圣德太子神格化，试想十四岁
的小皇子真能随军出征吗？苏我马子等人奉炊屋姬皇后之命讨伐物部守
屋。此次讨伐中，圣德太子无疑是苏我马子阵营的，但他是否亲临战场还
存疑。尤其是在两军交战之际，圣德太子迅速刻四天王像置于头上，这一
幕也未免太信口开河了。

第 7 节

四天王寺是否移建

一般的说法认为，四天王寺始建于用明天皇二年（587年），建在摄津国的玉造，后于推古天皇元年（593年）移建荒陵。然而，关于移建的原因没有明确的说法。据《日本书纪》记载，用明天皇二年，朝廷派兵讨伐物部守屋，此战中圣德太子发愿建造四天王寺。但这并不代表四天王寺的始建时间为用明天皇二年。《日本书纪》的原文为"平乱后之于摄津国造四天王寺，云云"，这样看来，用明天皇二年圣德太子只是发愿，真正建造四天王寺是在这之后。那么，究竟是何时建造四天王寺的呢？《日本书纪》记载为推古天皇元年：

> 是岁，始造四天王寺于难波荒陵。

可见，推古天皇元年是始建，也就不可能出现移建。《一代要记》

中记载的推古天皇元年"始付寺号"，实际上并不是"付寺号"，而是真正意义上的开始修建。用明天皇二年到推古天皇元年，仅有六年，而法隆寺的建造花了十余年，元兴寺则用了八年，所以四天王寺能在短短的六年内建成吗？因此，"始造"要比"始付寺号"可靠得多。且不说六年能否建成四天王寺，如此大的工程如果真要移建，必定要有十足的理由，但我们没有找到任何相关记载。笔者推测，《日本书纪》中用明天皇二年出现了建立四天王寺的内容[①]，以及推古天皇元年又出现了相关内容，由此引发了一系列附会之辈的误读误判。《上宫圣德太子传补阙记》及《扶桑略记》并未采纳四天王寺再建的说法，笔者也断定四天王寺是在推古天皇元年、圣德太子二十岁之际开始建造的。

---

① 如前所述，此处实际上只说了圣德太子发愿，并未提到实际修建。——原注

第 8 节

大别王寺

敏达天皇六年 (577年)，圣德太子年四岁时，一个叫大别王的使者从百济还朝，并带回了各种与佛教有关的物品，有记载：

> 夏五月丁丑，遣大别王与小黑吉士宰百济。王人受命为使三韩，自称为宰，言宰于韩。盖古之典乎，如今言使也。余皆做之，大别王未详所出也。

如引文中所言，关于大别王的出身我们一无所知。还有记载：

> 冬十月庚午朔，百济国王付还使大别王等，献经论若干卷，并律师、禅师、比丘尼、咒禁师、造佛工、造寺工六人，遂安置难波大别王寺。

　　这样看来，难波大别王寺应该是继向原寺之后日本最早的寺庙之一。此时，佛教在日本还没有得到认可，朝廷也没有接受佛教。因此，大别王带来的经卷、僧尼、佛工等被安置在了难波。大别王寺也许是大别王自己修建的。坊间传闻称圣德太子请求敏达天皇批准他阅览大别王所传经论，但这不可信。不过，大别王寺与四天王寺是否有关联，大别王寺是否也在玉造？关于这些问题的猜测都没有依据。然而，大别王寺仍然具有充分的研究价值。

第 9 节

四天王寺的四个院

四天王寺建在荒陵乡荒陵之北，因此又称作"荒陵寺"。四天王寺占地东西八町，南北六町，其金堂称作"敬田院"。寺墙之北又有疗病院，西北有施药院，东北有悲田院，连同敬田院一起被称为"四院"。《四天王寺御手印记》记载了四天王寺兴建四院的意义：

施药院，是命殖生一切芝草药物之类。顺方合药，随各所药，普以施与。疗病院，是令寄宿一切男女无缘病者。日日养育，如师长父母。于病比丘，相顺疗治，禁物蒜宍[①]。任所愿乐令服差愈，但限日期。祈乞三宝，至于无病，莫遗戒律努力。悲田院，是令寄宿贫穷孤独。单己无赖者，日日眷顾莫令致饥渴。若

---

① 宍，猪肉、鹿肉等食用肉。——译者注

得勇壮强力时，可令役使四个院杂事。其养料物，摄津河内两国。每国官稻各三千束，以是供用而已。三个院国家大基，教法最要。敬田院，一切众生归依渴仰。断恶修善，速证无上大菩提处也。四个院建立缘起，大概如斯。

有说法称《四天王寺御手印记》为圣德太子亲笔，但观其文章拙劣，全无古雅之气，完全不像圣德太子时代的作品，显然是后世杜撰的。不过，其中关于四院的说明还是可靠的。毋庸置疑，四院乃是日本佛教史上最早的慈善机构。

第 10 节

四天王寺、法隆寺的建造时间

《古今目录抄》记载：

> 法隆寺、天王寺虽同年建立，于法隆寺者，构伏藏[①]。依种种
> 未来记二十五年之间造之云云。天王寺八年造毕云云。

也就是说，四天王寺自始建荒陵以来历时八年完工，想必这个说法是
比较接近事实的。《古今目录抄》提到法隆寺建于"推古丁卯岁"，也就
是推古天皇十五年（607年）。前述药师佛铭文上也有明确记载，推古天皇十五
年是法隆寺竣工时间。那么法隆寺始建于何时呢？《古今目录抄》中给出
了两种说法：一是与四天王寺同年开工，即推古天皇元年（593年）；二是推古

---

① 伏藏，佛教用语。指将宝物埋藏于地下。——译者注

天皇二年（594年）^①。

> 　　法隆寺，太子生年二二年甲寅<small>（推古三年）</small>，始草创法隆寺。至二五<small>（三五欤）</small>岁作功毕。故自建立法隆寺以来六百三十九年欤。此亦说也。或御生年三五丁卯，像寺塔造之云云。此一说者，不正说也。但委思此而说，建立之始者御生年二二年，造功毕者三五丁卯也。十四年之间，令遂造立给毕也。然则药师光背铭文至于造毕时令日记之给也。

　　这等于认可了法隆寺始建于推古天皇二年，竣工于推古天皇十五年（607年）的说法^②。法隆寺建在鵤乡，而此处也是圣德太子寝宫斑鸠宫所在地。《日本书纪》记载，斑鸠宫建于推古天皇九年（601年），圣德太子于推古天皇十三年（605年）迁居此处。那么，法隆寺的建造要比斑鸠宫早得多了。

---

① 实际上，竣工时间也存在不同说法。——原注
② 《古今目录抄》中认为圣德太子生于敏达天皇二年（573年），并以此推算事件时间。而六百三十九年显然是距离《古今目录抄》写成的时间。——原注

第 11 节

法隆寺的寺院配置

　　法隆寺是圣德太子时代美术工艺的典范，备受学者的关注。接下来，笔者将介绍法隆寺的构造。法隆寺建成于推古天皇十五年 (607年)，距今已有一千三百多年之久[1]。它完整地保存了建造时的结构，是日本乃至世界唯一的木造古建筑。

　　圣德太子时代，寺院的建造有一定的布局。中央正面为金堂 (本堂)，金堂两侧设回廊，回廊延伸到金堂前侧，环绕呈四方形。两侧回廊在金堂正面环绕相遇，正中设中门。金堂之北设讲堂，讲堂的北侧及东西两侧有供僧侣住宿的室，分别称为东室、西室、北室。中门南边设本门，也就是所谓南大门 (参见大安寺略图)。当时的寺院大多采用这种布局，坐北朝南是基本要素。法隆寺也大致如此，唯独一点不同，那就是法隆寺正面设讲堂，回

---

① 距作者当时成书的20世纪初有一千三百多年。——译者注

廊环绕讲堂两侧，回廊内部金堂与塔婆①相对而立，这是独一无二的。不过，今天的法隆寺回廊不是四方形，而呈"凸"字形。原因是讲堂曾一度被烧毁，后来在之前北室的位置重新修建了讲堂，因此四方形变成了凸字形。在《法隆寺建筑论》里，伊藤忠太详细叙述了这段经过。下图引自伊藤忠太《法隆寺建筑论》，展示了诸堂的布局。法隆寺略图的虚线部分表示最初的讲堂与北室位置，读者可以看到最初回廊是四方形的，而现在的讲堂在之前北室的位置上。

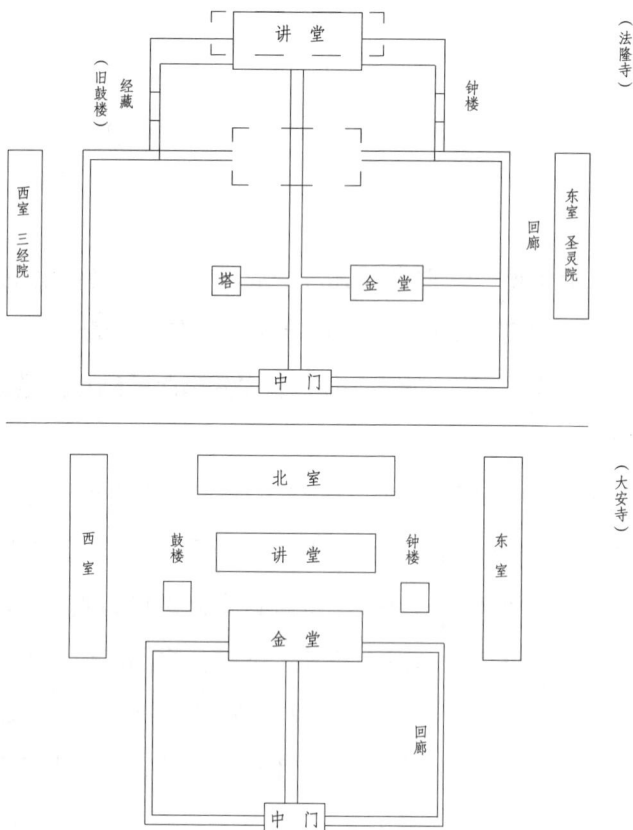

---

① 塔婆，寺院中安置佛舍利等的建筑物。也指出于供养、报恩等目的而兴建的佛塔。——译者注

第 12 节

法隆寺是否曾发生火灾

《古今目录抄》中记载，法隆寺有七门和七名，分别如下：

法隆学问寺——南大门

来立寺——中门

七德寺——金堂

圣德寺——讲堂

往生所寺——塔婆

鸟路寺——经藏

宝龙寺——镇守

通常认为，当时法隆寺的金堂、塔婆、门等分别取了寺名。不过，学者们对此仍有争议，有人认为各建筑的别名是后人的附会。除上面列举的，法隆寺还有其他建筑。在所有建筑中，最能代表推古天皇时期建筑的珍品无疑是金堂、塔婆和中门。这三大建筑屡经修复，细节处多少有些变

化，但其构造基本上保留了圣德太子时代的原貌。另外，关于法隆寺是否发生过火灾有两种说法，一说是没发生过[1]，另一说是曾被烧毁又在和铜[2]年间重建。《日本书纪》记载天智天皇九年（671年）：

> 夏四月癸卯朔壬申（三十日），夜半之后，灾法隆寺。一宇无余，大雨雷震。

《七大寺年表》也记载：

> 和铜元年戊申，依诏造太宰府观世音寺，又作法隆寺。

表明法隆寺一度被雷火烧毁，于元明天皇和铜元年（708年）重建。然而，此处存疑。一方面，史料记载寺院遭火灾；另一方面，《寺传》相关记录者经过实地勘查法隆寺建筑及四周情况，得出没有发生过火灾的结论。然而，记录总是容易出现纰漏，我们不妨回头考虑一下当时可能的情形。在发生火灾的情况下，金堂内部，佛像宝盖等佛具是极难救出的，既然是"夜半之后""一宇无余"的大火，再加上"大雨雷震"，很难想象悬挂在顶棚的宝盖连同一众佛具都被完好无损地及时救出。此外，实地调研后学者们又主张，金堂、中门、塔婆确确实实是保留了推古天皇时期的形态。如果发生了火灾，金堂完整保存推古天皇时期风貌的可能性会很小。综合来看，还是无火灾一说更经得住推敲。

---

[1]　见《寺传》。——原注
[2]　和铜，元明天皇时期的年号，起讫时间为708年1月11日到715年9月2日。——译者注

第 13 节

壁　画

　　法隆寺的建筑细节在此无法详细展开，值得一提的是中门正中间的柱子设计得着实十分独特。其他寺院都没有类似样式。此外，"卍字"勾栏（金堂、塔婆也有此设计）直入眼帘，寺院的整体格调也别具一格。金堂内部装饰着壁画，有人说此为鞍作止利的画，还有人说是昙徵[1]的画。此外，有人提出推古朝鸟佛师[2]流、壁画流两大流派并存，但两派风格迥异。主张法隆寺在和铜年间重建的学者认为，此壁画不是推古朝的风格，而是天智式美术的典范，因此容貌风韵是西域希腊式的[3]。甚至还有人说这幅壁画是推古式向天平式[4]过渡时期的作品，并不是所谓的天智式。学者们各执一词，一直争

---

① 高句丽归化僧人，笔墨彩色画的创始人。——原注
② 即鞍作止利。——译者注
③ 有学者主张日本古代美术分为推古式、天智式、天平式三大派。——原注
④ 奈良朝美术风格。——原注

执不下，足见此壁画之珍贵及其在日本美术史上的重要地位。最近，有学者提出此壁画的一部分在镰仓时代补修过，但该说法遭到了激烈反驳。此壁画是先在金堂内墙壁上遍涂剥落不堪，然后以彩色颜料作画，画面精美绝伦，但现今已经剥落不堪了。金堂西壁描绘的是阿弥陀净土，东壁是宝生净土，北壁东侧为药师净土，西侧为释迦净土^{（南侧主要是门）}。金堂外侧也有少许壁画，部分室内的壁画现如今已经完全无法辨认了。

第 14 节

金堂佛像

　　金堂本尊原是圣德太子为用明天皇打造的药师佛[①]，侍像为日光、月光两位菩萨。不过，药师佛与日光、月光两位菩萨现已迁到金堂东间，中央的本尊主位如今供奉的是释迦牟尼佛与药王、药上两位菩萨。圣德太子与其妃膳大郎女病中时，其子山背大兄王为祝祷二人痊愈，发愿造此释迦牟尼佛。即便如此，二人最终因病逝世。之后，为圣德太子祈福所造的三尊佛像被安置在了中央主位。释迦三尊比药师三尊大，这恰巧也是释迦三尊被安放于本尊的原因。以上事实出自《古今目录抄》。这尊释迦牟尼佛光背上也有铭文，记录了其自身的由来：

　　　　法兴元卅一年岁次辛巳十二月，鬼前太后崩。明年正月

[①]　前述光背刻有铭文的佛像。——原注

二十二日，上宫法王枕病弗愈于食。王后仍以劳疾，并著于床。时王后、王子等及与诸臣，深怀愁毒，共相发愿，仰依三宝。当造释像尺寸王身。蒙此愿力，转病延寿安住世间。若是定业背世者，往登净土，早升妙果。二月廿一日癸酉，王后即世，翌日法王登遐。癸未年三月中，如愿敬造释迦尊像并挟侍，及庄严具竟，乘斯微福。信道智识现在安稳，出生入死。随奉三主，绍隆三宝。遂共彼岸，普遍六道法界含识。得脱苦缘同趣菩提，使司马鞍首止利佛师造。

这段文字清晰地记录了这尊释迦牟尼佛的缘起。其中出现了"法兴元卅一年"，有人将其解读为佛法兴起之年，但此处的"卅"（三十）并不是"世"的假借字。大化改新之前，朝廷使用"历"并设置年号，即正史中没有记载的逸年号[1]。因此，"法兴元"这三个字是年号，此年号的"卅"一年，鬼前太后[2]驾崩。《释日本纪》援引了《伊豫风土记》中的一段内容，出现了法兴六年丙辰[3]，圣德太子与慧聪法师、葛城臣（名不详）一同前往伊豫道后温泉的事情。这也印证了"法兴元"确为年号，而上述丙辰对应的是推古天皇四年（596年），因此，法兴元卅一年应该是推古天皇二十九年（621年）（辛巳年）。法兴元卅一年的次年是推古天皇三十年（622年），由于圣德太子与膳大郎女染病，推古天皇与大臣们一同发愿，并于圣德太子及太子妃薨后[4]建造了三尊佛像。释迦三尊与药师三尊都出自鞍作止利之手。鞍

---

[1] 逸年号，日本的旧年号。根据《大宝令》确立公元年号制之前的年号，正史中没有记载的年号。如法兴、白凤、朱雀等。——译者注
[2] 前述穴穗部间人皇女，圣德太子之母。——原注
[3] 此处法兴元被省略为法兴。——原注
[4] 推古天皇三十一年（623年），即癸未年。——原注

作止利是司马达等及鞍部多须那的后代，是推古天皇时期唯一的佛师。金堂西间供奉圣德太子为其母穴穗部间人皇女建造的阿弥陀佛三尊像。后来，堀河天皇时期，这三尊像被盗，直到后堀河天皇时期重造，被安置于西间，也就是我们今大看到的那样。三组佛像中，这组是比较新的。失窃后重造的始末经过也一一记录在新的阿弥陀佛像的铭文中。

第 15 节

玉虫佛龛

此外，金堂内还供奉着推古天皇的御用玉虫佛龛，以及橘夫人的念持佛佛龛。据伊藤忠太介绍，橘夫人的佛龛并非圣德太子时期的样式，而玉虫佛龛的构造则是典型的推古天皇时期的建筑工艺，云形拱、云斗等无不是推古天皇时期的工艺特色，其所用金属器具也都非常珍贵，蔓藤花纹则是受到希腊的影响。雕刻金属装饰下镶有吉丁虫翅膀，因此得名"玉虫佛龛"。佛龛三面门及下方须弥坛都有密陀僧[①]绘制的须弥山故事画。此佛龛原供奉于橘寺，橘寺损毁后被迁到了法隆寺。

———————————

① 密陀僧，一种泛黄的茶色，壁画颜料的色彩之一，原料为一氧化铅。——译者注

第 16 节

圣灵院

　　关于法隆寺金堂内部的研究非常重要，本不该轻率地在此展开。法隆寺东室南端的房间现在被称为"圣灵院"，安放圣德太子像。该像雕刻于藤原时代。西室南端的房间被称为"三经院"。圣德太子之师惠慈法师及山背大兄王、殖栗皇子、卒末吕皇子之像供奉于此，实属难得一见，这些都是较早的雕像。《古今目录抄》中认为圣灵院供奉的圣德太子像是《胜鬘经》讲赞①后度②时四十五岁的圣德太子，但有关记载并不确切。此外，还有关于上宫王院即梦殿的讨论，下章详述。

①　讲赞，佛教用语。讲解经文含义，歌颂佛法功德。——译者注
②　有说法称《胜鬘经》讲赞共有前后两次，后度是指两次中的第二次。——原注

第 17 节

圣德太子与元兴寺的建造

　　下面简单介绍一下元兴寺的情况。元兴寺由苏我马子建造，而圣德太子只做了一些辅助工作。《上宫太子拾遗记》中记录了元兴寺露盘上的铭文（此铭文尚存疑点）：

　　三（四?）月乙丑朔丁亥，上露盘。爰天皇及厩户丰聪耳命，岛大臣录誓愿，隽于露盘。其词曰，大倭国天皇斯归麻宫治天下名阿米久尔意斯波留支比里尔波乃弥己等（钦明）世。奉仕巷宜名伊那米大臣时，百济国名明王上启。万法之中佛法最上，是以天皇大臣等受报业尽。故天皇女佐久罗韦等由罗宫治天下名等己尔居斯支比弥己等（推古）及甥名有麻移刀等己等弥弥乃弥己等（圣德太子）时，奉仕巷宜名有名大臣（苏我马子）为愿。及诸臣等赞言，魏魏乎善哉善哉。造佛法，父天皇大臣也。即发菩提心，誓愿十方诸

佛。化度众生，国家太平，故造塔庙。缘此福力，天皇大臣及诸
臣等，过去七世父母，广及六道四世众生，生生处处十方净土普
同此愿。皆成佛果，以为子孙世世不忘。莫绝纲纪，名建通寺。

脱字漏字使某些部分语义不明，但仍可以看出元兴寺的建造与推古天
皇及圣德太子密切相关。不过，文中写道"三月乙丑朔"，"乙丑之朔"
对应的其实是推古天皇二年（594年）的四月。如果是四月，后面的丁亥则恰好
对应干支的二十三日，因此三月应该是四月的误记。《日本书纪》中记载
元兴寺于崇峻天皇元年（588年）开始修建，《扶桑略记》与《一代要记》中则
记载推古天皇元年（593年）开始修建，后者想必是错的。《日本书纪》记载，
崇峻天皇元年在飞鸟的真神原修建元兴寺，崇峻天皇四年（591年）修建佛堂步
廊（即金堂与回廊），推古天皇元年（593年）建塔婆。推古天皇四年（596年），苏我马
子之子苏我善德奉命出任寺司。因此，造寺的誓愿显然是此时实现的。与
法隆寺一样，元兴寺也有多门多名：

元兴寺——南门（中门属之）

飞鸟寺——西门（金堂属之）

法万寺——东门（塔婆属之）

法兴寺——北门（讲堂、食堂属之）

《七大寺日记》及《古今目录抄》等文献都有记载。[1]推古天皇十三年
（605年）四月，推古天皇昭告圣德太子及苏我马子等诸臣，发愿造金铜、刺绣
丈六佛像各一尊。鞍作止利受命制造佛像，用时一年就完成了。推古天皇

---

[1]　有人主张元兴寺与法兴寺是两座不同的寺，实在不足为论。另外，中宫寺也有法兴之名，但
　　中宫寺是尼寺，即尼寺法兴寺；元兴寺是僧寺法兴寺，僧寺读作ホツコウ，尼寺读作ホフコ
　　ウ。——原注

十四年（606年）四月，造好的金铜佛像被安置在元兴寺金堂。然而，佛像比金堂门户还高，工匠们绞尽脑汁，商议如何使其破门而入。此时，鞍作止利略施巧计，未伤堂门而使佛像稳入金堂。推古天皇大悦，赞叹不已，下诏册封鞍作止利大仁之位，赐近江国坂田郡水田二十町，以彰其功，并追表其祖父司马达等、其父鞍部多须那^①、姑姑岛（善信尼）等人的兴佛之功。鞍作止利一跃跻身大仁之冠位。此次册封充分发扬了圣德太子所定官位制度的精神，集中体现了冠位制度的实质。《日本书纪》中记载，鞍作止利得到封地后立即着手为推古天皇修建了金刚寺，即南渊坂田的尼寺。当时，元兴寺供奉的丈六佛像现在被安置于安居院本尊之位。其间，佛像膝盖以下部分一度因火灾被烧毁，后世对这部分做了修复^②。

---

① 此人于用明天皇病中发愿为天皇祈福而出家，号德齐，是第一位出家为僧的本邦人。——原注
② 迁都奈良后，元兴寺也被迁到奈良，现在飞鸟的元兴寺被称为本元兴寺，奈良的被称为新元兴寺。——原注

第 18 节

圣德太子兴建广隆寺了吗

广隆寺位于山城葛野郡的太秦。太秦本是大和朝廷赐予百济归化者秦氏的姓氏。当时，归化人因广兴织造，被称"作机氏"，又因织物产量丰盛，得名太秦[①]。这样看来，太秦本是归化人秦氏及其后代的居住地。圣德太子时期，一位叫秦河胜的人在太秦建造了广隆寺。《日本书纪》推古天皇十一年 (603年) 十一月纪记载了此事：

　　己亥朔，皇天子谓诸大夫曰，我有尊佛像，谁得此像以恭拜。时秦造河胜进曰，臣拜之。便受佛像，造蜂冈寺。

[①]　《日本书纪·雄略纪》中记载，禹头麻佐，注曰"一云禹豆母利麻佐皆盈积之貌也"。——原注

　　蜂冈寺即是广隆寺。"蜂冈"二字应该来源于太秦之地的丘陵名。[①]
圣德太子下赐的佛像就是之前百济进献的金铜弥勒像。相传，圣德太子的
别宫也在大堰乡的太秦，称"枫野别宫"。圣德太子后来将枫野别宫赐
予秦河胜，并将其改作寺院，称为"桂宫院"[②]。再后来，桂宫院迁往蜂
冈[③]。《续古事谈》等书也提到了桂宫院，但《日本书纪》中并未出现桂宫
院迁往蜂冈的记载。并且据记载，蜂冈寺是秦河胜一手建造的寺院，并非
从别处迁来的。因此，蜂冈寺应该是秦河胜在领地上新建的氏寺，其中供
奉圣德太子所赐佛像。虽然圣德太子与此寺关系密切，但不能说是圣德太
子建造了蜂冈寺（广隆寺）。

---

① 《广隆寺由来》中记载此寺有五个寺名，蜂冈寺、秦公寺、桂林寺、三槐寺、广隆寺。广隆是
　　秦河胜本人的真名。——原注
② 参见前文《古今目录抄》二十一寺。——原注
③ 《圣德太子传历补注》记载，桂宫院位于广隆寺西北，乃广隆寺别院。——原注

第 19 节

熊凝寺乃御愿寺

熊凝寺是圣德太子在大和夜倍郡的熊凝村建造的寺院，建造时间不详，一说是推古天皇二十五年（617年）。《大安寺缘起》及《大安寺流记资财帐》中记载，圣德太子病危之际，推古天皇遣田村皇子询问圣德太子有何遗愿，圣德太子禀告推古天皇说，熊凝寺的建造尚未完成，自己心里委实挂念，唯愿此寺日后顺利完工并发扬光大、成为大寺。大寺，是指后世所说的敕愿寺，也就是因天皇御愿而建造的寺院，用来祈愿镇国。熊凝寺后来成为日本第一寺，舒明天皇时期迁往百济河旁，更名"百济大寺"；天武天皇时期迁往高市郡，更名"高市大寺"，也称"大官大寺"；后来又迁往奈良，成了今天的大安寺，俗称"南大寺"[①]。

---

① 熊凝寺遗址即额安寺，又称额田寺。——原注

第 20 节

坂田寺

前述坂田寺虽非圣德太子建造，但与圣德太子关系密切。此寺建于推古天皇十三年（605年），而《日本书纪》记载用明天皇二年（587年）鞍作止利之父鞍部多须那为祝祷天皇病体痊愈出家礼佛，发愿建造丈六佛像及寺院。鞍部多须那所造丈六佛像后来供奉于坂田寺中。因此，鞍作止利建造坂田寺正是为了完成其父未竟遗愿。坂田寺位于南渊的坂田，此方位对应圣德太子在高市郡的寝宫。用明天皇令圣德太子居南上殿。《圣德太子传历》引用的《历录》记载，以及《东院缘起》等书都特别记载了"上宫"的来历。如前所述，正所谓圣德太子寝殿的上宫之地。

第 21 节
圣德太子建造中宫寺

除上面讨论的寺院之外，古籍中还出现了圣德太子建造的其他寺院，但很多寺院是不是圣德太子所建——其中不乏一些名寺，还无法考证。其中，中宫寺又名鵤尼寺[①]，位于法隆寺东侧。中宫寺原是圣德太子母亲穴穗部间人皇女的寝宫。《古今目录抄》记载"苇垣宫、冈本宫、鵤宫，三个宫之中，故云中宫，仍改成寺"，但没有记载何时改成寺院的，有一种说法是推古天皇三十年（622年）。但推古天皇十四年（606年）《法华经》讲赞之时，圣德太子割天皇所赐田顷献于中宫寺，又证明推古天皇十四年（606年）以前，中宫寺就已经存在了。《古今目录抄》注释记载：

　　中宫尼寺者，即鬼前太后作尼寺也。中宫御愿故为名，或御

[①]　一说又叫法兴寺，但《古今目录抄》中评价"有异说，此不审也"，可见不足为信。——原注

所故为名云云。或云，中宫寺太子御生年二十一岁建作之云云。

综上所述，中宫寺很有可能是圣德太子为其母亲穴穗部间人皇女建造的尼寺。

第 22 节

葛城寺与法轮寺

《法隆寺伽蓝缘起》中出现了葛城尼寺的说法，可见葛城寺是座尼寺。圣德太子建造的寺院中尼寺众多，中宫寺、橘寺、法起寺、葛城寺、坂田寺等都是尼寺。苏我马子建造的丰浦寺也是尼寺，足见尼寺之多。直到今天，史料中尚未发现与葛城寺地点有关的记载。一说葛城寺又叫妙安寺。《圣德太子传历》记载圣德太子建造葛城寺赐予葛城臣。这样一来，葛城寺就是葛城氏的氏寺。[①]再说法轮寺，相传此寺是圣德太子病重之际，山背大兄王与由义王一同发愿，为祈祷圣德太子痊愈而建造的。由义王想必就是弓削王，《古今目录抄》记载：

当上宫王院北去十町许，有寺。名三井寺，亦名法林寺。在

---

① 葛城氏的一个分支是苏我氏，葛城臣应该是指崇峻天皇年间担任朝鲜征伐大将军的葛城鸟奈罗臣。——原注

金堂、讲堂、塔、食堂等，建立之样似法隆寺。此推古天皇年中所建。百济开法师、圆明法师、下水新物等三人合造云云。此寺奉为圣德太子，山背大兄王建立云云。然则下水新物者，即大兄王欤云云。

《古今目录抄》中还记载：

　　右寺，斯奉为小治田宫御宇天皇御代（岁次壬午）。上宫太子起居不安，于时太子愿平复。即令男山背大兄王，并由义王等，始立此寺也。所以高桥朝臣预寺事者，膳三穗娘为太子妃矣。太子薨后，以妃为檀越。今斯高桥朝臣等，三穗娘之苗裔也。

这里的引文中没有指明百济的开法师、圆明法师及下水新物都是何许人也。文末提到下水新物也许是山背大兄王，但此说法很是荒谬。又或者，下水新物其实是工人，奉开法师、圆明法师与山背大兄王等人的命令，负责实际建造。法轮寺又记作法琳寺或法林寺，别名三井寺或御井寺。寺院采用推古天皇时期的三重塔建造风格，金堂内供奉药师佛像。此佛像有别于鞍作止利的风格，被认为是推古末期的作品。最初，山背大兄王等人为祈求圣德太子痊愈而发愿造寺；而在山背大兄王、弓削王等皇子的主持下，法轮寺落成则是在圣德太子薨逝后了。橘寺、法起寺将在后文中另行说明。显然，被传为圣德太子建造的寺院远不止上文这些，但大多无法考证，难下定论，笔者也权且搁笔在此。

第 10 章
圣德太子的事业

　　圣德太子一生成就无数事业，对后世影响深远。前文已经讨论了圣德太子对政治、宗教的直接影响，下面笔者将谈一谈他对其他方面的重要影响。

第 1 节

圣德太子的新道德观

首先要谈的是圣德太子的新道德观。圣德太子不仅在宗教方面接纳了佛教，并且躬行实践佛教、儒教的道德伦理，其本人笃信道德的根本在于慈悲。无论是圣德太子修建四天王寺的四院，还是片冈山遇乞食者的传说，在今天看来也许显得琐碎、不值一提，但无疑对当时的思想道德体系产生了巨大影响。因此，这些故事才流传下来，撼动着后世史学家的心弦，甚至被载入正史。临终前，圣德太子以佛教戒律嘱咐山背大兄王等子弟，说："诸恶莫作，众善奉行。"圣德太子死后，山背大兄王等谨遵圣德太子遗言，以此箴言立身处世。可见，上宫王苑之家风真正实践着圣德太子的新道德观。此外，为了纠正当时狩猎行乐之风，圣德太子主张药猎[①]。圣德太子倡导，公卿大臣们一起到野外采集药草，以野游为乐。这样

---

① 即采药。——原注

一方面推动了自然医术的进步，另一方面间接促进了慈善事业的发展。这些都是鼓励新道德、倡导新风尚的政策。日本人的精神面貌因此有了巨大的改观。《日本书纪》推古天皇十五年 (607年) 纪事中记载了药猎的情形：

> 夏五月五日，药猎于兔田野。取鸡鸣时集于藤原池上，以会明乃往之。粟田细目臣为前部领，额田部比罗夫连为后部领。是日诸臣服色，皆随冠色。各着髻华，则大德、小德并用金，大仁、小仁用豹尾，大礼以下用鸟尾。

推古天皇二十年 (612年) 五月五日、推古天皇二十二年 (614年) 五月五日都有药猎的记载。并且前文已经交代，药猎时规定穿着冠位十二阶的新服饰。

第 2 节

圣德太子与学问

圣德太子不光视佛教为宗教及道德的根源，还视其为一门学问。对圣德太子来说，佛教研究无异于今天的学术研究。法隆寺、四天王寺在某种意义上可以算是学问研究所，是生产新智识的地方。四天王寺的敬田院给僧侣学习佛法提供资助，使其潜心钻研学问；法隆寺有众僧分，众僧分其实就是学资、学费，可见当时的僧侣都是官费生。圣德太子本人在学问上的成就除了《十七条宪法》与三经义疏，还编纂了《国史》。当时，受外国文明的启发，圣德太子与苏我马子一同提出并推进了《国史》编纂事业。《日本书纪》推古天皇二十八年（620年）纪事记载：

是岁，皇太子岛大臣，共议之。录天皇记及国记。臣、连、伴造、国造百八十部，并公民等本记。

　　苏我氏灭亡之际，苏我虾夷宅邸遭到焚毁。船史惠尺^①携此文本^②逃出。遗憾的是，这些文本再未公之于世。不过，它们仍是《日本书纪》等正史的重要依据。

---

① 船史惠尺，日本飞鸟时代的人物，冠位小锦下。相传苏我虾夷自尽时此人曾在现场，因此知名于后世。——译者注
② 上述引文中的《天皇记》《国记》《本记》。——原注

第3节

开凿池塘

此外，圣德太子开凿池塘、修整道路，为百姓的生活带来了便利。《日本书纪》记载推古天皇十五年（607年）：

> 是岁冬，于倭国，作高市池、藤原池、肩冈池、菅原池。山背国掘大沟于栗隈，且河内国作户苅池、依网池。

此外，《圣德太子传历》记载，大和国开凿了三立池、山田池、剑池，河内国开凿了大津池、安宿池。《日本书纪》推古天皇二十一年（613年）纪事记载：

> 冬十一月，作掖上池、亩傍池、和珥池。又自难波至京置大道。

　　《圣德太子传历》记载有"遣使诸国筑池，随国大小"，推古天皇十五年（607年）有"亦每国置屯仓"，指在各地设置了官库。

第 4 节

工艺绘画

引入外来文明、接纳佛教等政策，使当时的日本在物质方面取得了巨大的进步，特别是建筑工艺得到了空前发展。从外国来的寺工，带动了寺院建筑的兴盛。与此同时，建筑材料瓦被引入，各种工具逐渐齐备；建筑工艺也开始追求细节与美观，柱子上雕刻了精巧的装饰。这无疑是日本建筑史上的一大进步。因此，后世称圣德太子为"大工祖神"也不无道理。其实，圣德太子时代之前，就有朝鲜工匠来过日本。例如，猪名部氏就是工匠世家。但直到圣德太子时代日本的建筑工艺才有了飞跃性的发展，法隆寺建筑、玉虫佛龛等都彰显了这种质变，日本粗糙的建筑工艺一跃成为精工巧作。《日本书纪》记载，敏达天皇六年（577年），大别王从百济还朝时，带来了百济进贡的造寺工六人；崇峻天皇元年（588年），百济又进献了寺工太良未太、文贾古子，炉盘博士将德白昧淳，瓦博士麻奈文奴、阳贵文、悛贵文、昔麻帝弥，画师白加。日本建筑工艺逐渐得到改良

与发展。绘画方面，除了这位白加画师，《日本书纪》记载圣德太子于推古天皇十二年（604年）九月设置黄书画师、山背画师。《圣德太子传历》记载，除此之外，圣德太子还设置了簧秦画师、河内画师、楢画师。[①]此外，《圣德太子传历》中有"免其户课，永为名业"。设置各画师，是指在各地方分别成立画部。《扶桑名画传》中认为黄书等是人物的姓氏，但从山背、楢等来看，"黄书画师"中的"黄书"应该是地名。奈良朝也有位黄文王，但不知黄书之地在历史上位于何处。推古天皇十八年（610年）三月，高句丽的僧人云征来到日本，首次将彩色纸墨技法引入日本。建造佛像，雕刻、铸造等工艺得到了长足发展，其中涌现出了鞍作止利等大师。此外，百济、新罗方面也多次对日本的佛像制作做出了重要贡献。

---

① 《圣德太子传历》中"黄书"记作"黄文"。——原注

第 5 节

音　乐

推古天皇二十年 (612年)，百济一个叫味麻之的人归顺日本。《日本书纪》记载：

> 百济人味麻之归化，曰学于吴，得伎乐舞，则安置樱井而集少年令习伎乐舞。于是，真野首弟子，新汉、齐文二人习之，传其舞。

此后，佛教法会皆采用外邦音乐。四天王寺、法隆寺等比较大的寺院都有本寺专属的乐人。后世的寺院也沿用了这一传统。因此，日本佛教主要采用外邦音乐，类似基督教堂与管风琴的关系。

第 6 节

历的起源

　　圣德太子时代，日本于历史上首次采用历、干支计算时间。《日本书纪》推古天皇十年 (602年) 十月纪事记载：

　　　　百济僧观勒来之，仍贡历本及天文、地理书，并遁甲方术之书也。是时，选书生三四人，以俾学习于观勒矣。阳胡史祖玉陈习历法，大友村主高聪学天文遁甲，山背臣日并立学方术，皆学成业。

　　天文、遁甲方术无外乎是阴阳五行及星相学，此处不做深究，但因其与历有关联，在这里简单说明一下。历是在圣德太子时代之前传入日本的，即钦明天皇十四年 (553年) 六月，医博士、易博士与历博士一道从百济来到日本。翌年 (554年) 二月，百济又派历博士王保孙、易博士王道良、医博

士王陵到日本。这些人的使命就是将历法传入日本。有人认为此时的日本已经采用了历法，但史料中并无相关记载，也没有关于如何使用历的具体记载。一般认为，王保孙来到日本四十九年后，百济僧人观勒渡海来到东瀛。此时，圣德太子下令让日本人研习历法，并在此基础上制定历，于推古天皇十二年（604年）五月开始使用。此时日本采用的历被认为是元嘉历①。

圣德太子大量引入外国文明，使日本社会得到了空前发展。然而，其本人并不满足于此。推古天皇十六年（608年），他又派小野妹子等八名留学生访问隋朝，直接考察中华文明。圣德太子在改良日本的政治、道德、社会风貌上倾注了毕生的心血，最终，这番努力在其本人离世后开花结果，凝结成日本历史上的重大变革——大化改新。

① 南朝宋元嘉年间，一个叫何承天的人制定的，因此得名元嘉历。《日本书纪》持统天皇四年（690年）纪事中有"十一月甲申敕始行元嘉历与仪凤历"，表明元嘉历是从此时开始使用的。那么，圣德太子时代使用的是从百济传来的历，而百济历是何情形则全然不明。《皇和通历》记载持统天皇五年（691年）开始使用元嘉历，文武天皇元年（697年）开始使用仪凤历。还有一种说法是，日本最初采用了元嘉历，但因其错误太多，使用元嘉历八十九年后开始并用仪凤历。这种说法也可信。仪凤历为唐代高宗年间的李淳风所编。——原注

第 7 节

圣德太子的人格

　　以上事实足以使读者了解，圣德太子如何鞠躬尽瘁将外国新文明引入日本，他的努力又是如何开花结果彻底改变日本面貌的。圣德太子英姿勃发、锐意进取，而最难得的是如此才华横溢之人又那么温文尔雅、慈悲为怀。不难想象百姓当时该是多么仰慕圣德太子。圣德太子的离世就如巨星陨落，举国同悲。《日本书纪》的编纂者甚至将圣德太子神通化，其笔下的圣德太子俨然是超凡脱俗的神佛菩萨。圣德太子不仅引进了外国繁荣的物质文明，还在其他方面做出了非凡贡献。后世追思圣德太子时，无不仰慕他的才华横溢、与时俱进。不仅如此，这位天纵奇才还是位温润如玉的君子。现在，日本又一次站在了时代的路口，开始引入外来文明，圣德太子的建树能给我们怎样的启示呢？这样看来，研究圣德太子的生平不只是出于解释日本文明史的必要，还能从实践的角度给予我们经验教训。

第 11 章
圣德太子离世

余下要谈的便是令人悲痛不已的圣德太子之死。正如圣德太子的生辰年月存在争议一样，他的逝世时间同样存在数种不同说法。《日本书纪·推古纪》记载：

> 二十九年春二月己丑朔癸巳，半夜，厩户丰聪耳皇子命薨于
> 斑鸠宫。

圣德太子在推古天皇二十九年（621年）二月五日薨去的说法看似极具说服力。但正如前文所说，此说法肯定不能成立。法隆寺释迦佛像光背铭文上明确记载，圣德太子的母亲穴穂部间人皇女于推古天皇二十九年十二月（622年2月）离世，翌年即推古天皇三十年二月（622年4月），圣德太子与太子妃膳大郎女薨去；圣德太子逝世日期也不是五日，"二月二十一日王后即世，翌日法王登遐"，圣德太子无疑是在二十二日薨去。四天王寺、法隆寺、橘寺也将圣德太子离世的日期定为二十二日，并于每年的这一天举行法会。法隆寺释迦佛像光背铭文的可靠性毋庸置疑。另外，前文列举的法起寺佛塔

露盘铭文也有记载，"岁次壬午，上宫太子起居不安"。并且著名的天寿国曼荼罗绣帐铭文更是清楚地记录了事情的始末，全文如下（为读者方便，附上铭文字傍）：

斯归（矶城岛）斯麻　宫治天下　天皇名阿　米久尔天国〔排开广庭尊（钦明天皇）〕意　斯波留支　比里尔波　乃弥己等　娶巷奇（苏我）大　臣名伊奈（稻目宿称）米足尼女　名吉多斯（坚盐媛尊）比弥乃弥　己等为大　后生名多　至波名等〔橘丰日尊（用明天皇）〕己比乃弥　己等妹名　等己弥居〔丰御食炊屋姬尊（推古天皇）〕加斯支移　比弥乃弥　己等复娶　大后弟名　乎阿尼（小姊尊）乃弥己等为　后生名孔（穴穗部）部间人公　主斯归斯　麻天皇之　子名蕤奈久罗乃布〔泞中仓太珠敷尊（敏达天皇）〕等多麻斯　支乃弥己　等娶庶妹　名等己弥　居加斯支　移比弥乃　弥己等为　大后坐乎　沙多宫治　天下生名　尾治王多　至波奈等　己比乃弥　己等娶庶　妹名孔部　间人公主　为大后坐　滨边宫治　天下生名　等己刀弥　弥乃弥己　等娶尾治　大王之女　名多至波　奈大女郎　为后岁在　辛巳十二　月廿日癸　酉日入孔　部间人母　王崩明年　二月廿二　日甲戌夜　半太子崩　于时多至　波奈大女　郎悲哀叹　息白畏天　皇前曰咯　之虽恐怀　心难止使　我大王与　母王如期　从游痛酷　无比我大　王所告世　间虚假唯　佛是真玩　味其法谓　我大王应　生于天寿　国之中而　彼国之形　眼所叵看　悕因图像　欲观大王　往生之状　天皇闻之　悽然告曰　有一我子　所咯诚以　为然敕诸　采女等造　绣帷二张　画者东汉　末贤高丽　加西溢又　汉奴加己　利令者椋　部秦久麻[①]

---

① 见本书"考证"部分。——译者注

　　铭文记载，圣德太子薨后，橘大郎女[①]悲叹不已。她奏请推古天皇造天寿国曼荼罗绣帐。天寿国曼荼罗绣帐四周织有龟形一百个，每个龟身提四字，构成此篇四百字铭文。其中，"巷奇"指苏我稻目，前面提到的元兴寺露盘铭文记作巷宜，也是指苏我稻目。"硌"字通"启"。铭文中有"岁在辛巳（推古天皇二十九年）十二月廿日癸酉日入，孔部间人母王崩，翌年二月廿二日甲戌夜半太子崩"，圣德太子薨去无疑是在推古天皇三十年（622年）二月二十二日。

　　综上所述，圣德太子之母穴穗部间人皇女于推古天皇二十九年十二月二十日离世，太子妃膳大郎女于翌年（622年）二月二十一日薨，圣德太子于翌日二十二日薨。

---

① 从铭文中可知她是推古天皇的孙女。——原注

第1节

天寿国曼荼罗绣帐

关于天寿国曼荼罗绣帐，《观古杂帖》有如下记载：

> 僧圣誉于太子传抄，中宫寺之尼信如房，文永十一年二月廿六日是，法隆寺藏得。知太子母王之圣忌十二月廿一日[①]云云。又龟甲一甲四字，合四百文字入乱乱脱间，皆读作人。持上京，其顷天下文者学生皆知花山院中纳言诸继卿与灵山之定圆法印，请二人读之云云。

上述引文中的"文永"乃龟山天皇年间，也就是北条时宗[②]击败元朝军队的年代。天寿国曼荼罗绣帐铭文原本就被收录于《上宫圣德法王帝

---

① 廿一日应该是廿的误读误记。——原注

② 北条时宗（1251—1284），日本镰仓时代幕府第八代执权（执权为镰仓幕府的官职名称）。——译者注

说》，"右在法隆寺藏，绣帐二帐继著龟背上文也"。可见，文永年间以前此铭文及其由来就已经明确了。不过，文永年间它被重新发现并修缮。"天寿国"一词，并不是佛经中的语言，那么它究竟指什么呢？笔者认为"天寿国"应该是指弥勒兜率天[①]，应该与阿弥陀的无量寿国相近。天寿国并不是一个国家的名字，而是天寿之国，即"不死之国"之意。《日本书纪》及《上宫圣德太子传补阙记》都记载，当圣德太子薨去的消息传到已经返回高句丽的圣德太子的师父惠慈法师耳中时，惠慈法师当即表示来年圣德太子忌日，自己必定前往净土与他相会。此处的净土就是指天寿国。曼荼罗绣帐证明了圣德太子时代。

---

① 兜率天，佛教世界观中的天界之一，是三界中欲界六重天的第四重。——译者注

第 2 节

圣德太子的享年

关于圣德太子的享年，即其薨去时的年龄有三种不同说法，分别为四十九岁、五十岁、五十一岁。依其具体情形可进一步细化为五种说法，《古今目录抄》注释中记载：

> 诞生入灭各三说者。一者四十九入灭，此或癸巳诞生辛巳入灭。或甲午诞生壬午入灭也。即欲当印阿佐礼拜四十九岁。二者满五十入灭。此癸巳诞生壬午入灭，壬辰诞生辛巳入灭。三者五十一入灭。此壬辰诞生壬午入灭也。此中为五说（中略）。癸巳年诞生事，仅松子传、明一传计也。壬辰敏达元年诞生者，皇代记、王代记此多。故五十一年御入灭无所背。

《古今目录抄》最终采纳了五十一岁说。简单来讲如下图所示：

（一）敏达天皇二年（癸巳）诞生、推古天皇二十九年（辛巳）入灭

（二）敏达天皇三年（甲午）诞生、推古天皇三十年（壬午）入灭

　　　　　　　　　　　　　　　　　　　　　　　　　　　四十九岁说

（三）敏达天皇二年（癸巳）诞生、推古天皇三十年（壬午）入灭

（四）敏达天皇元年（壬辰）诞生、推古天皇二十九年（辛巳）入灭

　　　　　　　　　　　　　　　　　　　　　　　　　　　五十岁说

（五）敏达天皇元年（壬辰）诞生、推古天皇三十年（壬午）入灭　　　　五十一岁说

　　《松子传》《明一传》都是最古老的圣德太子传记，其内容怪诞，实属罕见。总之，这五种说法中，第二种说法是正确的，即圣德太子甲午（敏达天皇三年，574年）诞生、壬午（推古天皇三十年，622年）入灭，享年四十九岁。

第3节

阿佐礼拜四十九

上节引用的《古今目录抄》注释中有"阿佐礼拜四十九"，这是何意呢？阿佐是百济的王子。《日本书纪》记载他于推古天皇五年（597年）（圣德太子二十四岁）来日本朝贡，还记载了他拜谒圣德太子的奇闻异说。据传，阿佐能看人相、预言未来。《扶桑略记》记载：

> 仆此国有一圣人，仆自拜观情愿足矣。太子闻之，直引殿内。阿佐惊拜，熟见太子之颜。复左右足掌，更起再拜两段。退而出庭，右膝着地。合掌恭敬曰敬礼救世大慈观音，妙教一流通东方日国，四十九岁传灯演说。大慈敬礼菩萨。太子合目，须臾眉间放一白光，长三丈许，良久缩入。阿佐再起再拜两段而出。太子语左右曰，是我昔身为我弟子，故今来谢耳。时人太奇。

　　此说自然是不足为信，"即欲当印阿佐礼拜四十九岁"也是附会阿佐预言"四十九岁传灯演说"而已。"即欲当印"也许是通假字，不然这四个字很难解释，但其大意还是比较清楚的。[①]然而，"四十九岁传灯演说"是以《古今目录抄》的五十一岁说为前提，即认为圣德太子两岁时说"南无佛"，此为传灯演说的开始；圣德太子五十岁演说结束，五十一岁入灭。阿佐王子拜谒圣德太子的画像，即法隆寺唐本御影，也被称为阿佐王子像，成为现今宫内省的御物。阿佐王子拜谒圣德太子像虽然不是出自阿佐王子之手，但至少是天武天皇年间的作品，因此是最古老的圣德太子像之一。

---

① "敬礼救世大慈观音"是将圣德太子视为观音的化身。——原注

第4节

膳大郎女薨去

法隆寺释迦佛像光背铭文记载，圣德太子病中"王后仍以劳疾"。膳大郎女不辞劳苦悉心照料患病的圣德太子，却不幸染病，早圣德太子一日离世。相传，临薨去时，圣德太子命膳大郎女沐浴，自己也沐浴，二人一并换上了新衣袴①。圣德太子说"我应于今夜迁化，汝当同往"，随后咽气。第二天早晨殿门被打开后，人们才发现二人已经薨去。然而，事实上，圣德太子与膳大郎女的忌日相差一日，并不是同一天。因此，上述说法显然是后人捏造的。

---

① 袴，日本的传统服装，穿着于下半身。——译者注

第 5 节

圣德太子薨去的寝宫

《日本书纪》中记载圣德太子于斑鸠宫薨去，但其他记载则稍有出入。《圣德太子传历补注》中就有"太子于苇垣宫御迁化乃法隆寺古来之定谈也。圣迹今在，是宫亦太子常居之宫也"，而《古今目录抄》注释则记载：

> 或说云，当上宫王院辰巳方行八九町。分离有木瓦茸之堂，名苇屋。太子居住宫，名苇垣宫。于此宫御入灭也，自此宫科长御葬送也。

《古今目录抄》记载膳大郎女也于苇垣宫薨去。苇垣宫东侧有一川，名富小川，俗称"登比川"。苇垣宫也位于斑鸠之地，所以《日本书纪》中记载圣德太子薨于斑鸠宫，并非特指上宫王院。此外，记载中出现

的圣德太子寝宫尚有饱浪宫，而《大安寺资财帐》中出现了"饱浪苇垣宫"。可见，所谓饱浪宫就是苇垣宫，二宫实为一处。

第 6 节

矶长的灵庙

圣德太子被葬在河内的矶长[①]。相传，圣德太子生前就选定了墓的位置。不过，圣德太子最后与其母穴穗部间人皇女合葬一处，并没有葬在他为自己修建的墓里。膳大郎女也葬于此处。因此，这个墓共葬有三人。这个说法是可靠的，因为实际上该墓确实并置着三副棺椁。然而，中古时期[②]墓被盗，现已被洗劫一空。《古今目录抄》中记载，一条天皇天喜年间，有个叫忠禅的人进入圣德太子墓；土御门天皇元久年间，净戒、显光二人偷入圣德太子墓盗取圣德太子牙齿。总之，圣德太子墓遭到了严重毁坏。矶长即石川的叡福寺，世人称之为"上太子"。涩河的胜军寺称为"下太子"。胜军寺中有棵椋树。相传物部守屋征伐之战中圣德太子曾藏身此树，并于后来建造了这座寺院。但此说法不可考。

---

① 又作科长。——原注
② 中古时期，日本史中，介于上古与近古之间的时期，指大化二年（646年大化改新）至建久三年（1192年源赖朝建立镰仓幕府）。文学史中主要指平安时代。——译者注

第7节

圣德太子薨去时的情形

《日本书纪》记载了圣德太子薨去时的情形：

> 是时，诸王诸臣及天下百姓，悉长老如失爱儿，而盐酢之味在口不尝。少幼如亡慈父母，以哭泣之声满于行路。乃耕夫止耜，舂女不杵。皆日月失辉，天地既崩。自今以后，谁恃哉。

这段用了许多渲染手法，但绝不是舞文弄墨。回想一下明治天皇驾崩时的情形，就不难不赞同此处的描写了。《日本书纪》成书于圣德太子逝世百年之后，编纂者仍不遗余力地描绘圣德太子薨去时的情形，可谓绝无仅有。《上宫圣德法王帝说》记载"上宫王薨时，巨势三杖（巨势三杖为何人不详）大人歌"，所歌数首如下：

伊加留我乃，止美能乎何波乃多叡波许会，和何于保支美乃弥奈和须良叡米。

美加弥乎须，多婆佐美夜麻乃阿迟加气尔，比止乃麻乎之止和何于保支美波母。

伊加留我乃，已能加支夜麻乃佐可留木乃，苏良奈留许等乎，支美尔麻乎佐奈。

三首中的第一首意思很明白，第二首、第三首意思较难理解，也许是因为错字较多。

关于第一首歌，流传着一个荒诞的传说。相传，推古天皇二十一年 (613年)，圣德太子游览片冈山及其周边时，偶遇一个乞食者，圣德太子下马，将自己的衣服解下为乞食者披上，并赐予他食物：

斯那提流，个多乌个夜摩尔伊比尔惠天，许夜势屡诸能多比等阿波礼，于夜那斯尔，那尔那理鸡鸣夜，佐须陀气能，枳弥波夜那祇，伊比尔惠天，许夜势留，诸能多比等阿波礼。

这段故事甚至被收录在《日本书纪》中，体现了圣德太子的慈悲为怀。歌词大意是：片冈山上，乞食者饥饿而卧倒在地，真是可怜！是不是无父无母，而生在世上；乞食者饿得卧倒在地，真是可怜！圣德太子游览完毕后再次来到与乞食者相遇的地点，却不见他的身影，只见衣服挂在树枝上。圣德太子取下衣服穿在身上，随侍都惊叹不已。后来，乞食者被发现死于别处。于是，圣德太子令人将乞食者埋葬。当圣德太子再次派人前去查看时，却发现遗体不翼而飞，唯留下一首和歌：

富之绪川绝，大王不能忘。

　　《日本灵异记》及《拾遗集》都收录了这首和歌，视其为圣德太子与乞食者的和歌酬唱。可见，很久以前，这个故事就在民间广为流传。百姓对此深信不疑。后来，又有人附会道，乞食者乃是来到日本的达摩。再后来，片冈甚至修建了达摩寺。然而，乞食者的和歌显然是杂糅了巨势三杖与圣德太子的两首和歌，而人们在此基础上杜撰了和歌酬唱。《日本书纪》中也认为乞食者并非凡人，但考虑到《日本书纪》中的种种奇谈，不难想象此处无非也是对圣德太子的某种神通化罢了。并且《法隆寺资财帐》中记载，圣德太子将《法华经》讲赞时推古天皇赐予的水田分给法隆寺、中宫寺及片冈寺。可见，片冈寺是早就存在的。这个珍贵的故事展现了圣德太子慈悲心，但加入达摩来日说之后，降低了故事的真实性，反倒使它的价值大打折扣。笔者感到可惜，不禁在此加以分辩。

　　《万叶集》中题有"小垦田宫上宫圣德太子，出游竹原井之时，见龙田山之死者，悲伤作御歌"：

　　　家有者，妹之手将缠，草枕，客尔卧有此旅人何怜。

　　其中，圣德太子出游的地点与《日本书纪》完全不同。相传，这首和歌是天武天皇到持统天皇年间的人根据圣德太子的事迹所作，被当作圣德太子的诗作收录在《万叶集》中。

附 录
圣德太子《十七条宪法》略解

（上）

关于圣德太子制定的《十七条宪法》，《弘仁格式》[①]序中有"上宫太子，亲作宪法十七条。国家法制自兹始焉"，将《十七条宪法》视为日本法制的起源。日本的成文法制起源于圣德太子的《十七条宪法》。《十七条宪法》是最古老的本邦成文法。然而，有贺长雄对此有不同看法。他认为《十七条宪法》根本称不上是法律，将其视为成文法的起源是谬误。在著作《日本法制史》中，有贺长雄从多种角度进行了论证。他认为《十七条宪法》不能称为法律的原因主要有两点：其一，宪法并非出自天皇之手，而是出自圣德太子之手；其二，法规内容不具备强制约束力，而依赖个人的内在良心，因此顶多算是训诫，不能成为法律。但这种说法并不公

---

① 《弘仁格式》，大宝元年（701年）到弘仁十年（819年）的格与式的汇编。格10卷，式40卷。平安时代编纂而成的三代格式（律令的补充法令）之一，另外两个为《贞观格式》《延喜格式》。——译者注

道，以现今的标准来看《十七条宪法》不符合法律的属性，但在当时，它显然是具备法律效力的。久米邦武论述道，在旧政治体制下，道德与法律的界限并不明确，训诫充当法律，此种训诫即是法律本身。久米邦武认为"不伴随惩罚的诏令看似无效，但在俸禄制下，以德治天下的时代，惩罚之外另有制裁，训诫自有其效验"。笔者非常认同这种观点。德治时代的法规虽然没有明文规定制裁手段，但训诫无疑具有法律的意义。

至于说宪法出自圣德太子之手，并非天皇所作，也是教条主义罢了。因为这完全忽略了当时的现实：推古天皇时代，朝政全权委托于圣德太子，政令自然是出自圣德太子之手。然而，即便史料中记载《十七条宪法》为圣德太子所作，但在当时的情形下，天皇敕令与圣德太子政令并无分别，这通过常识就可以分辨。对当时的人来讲，推古天皇将朝政委任于圣德太子，就意味着圣德太子制定的政令即推古天皇的敕令。而罔顾现实，仅凭《十七条宪法》出自圣德太子之手就宣称其不是法律，显然是咬文嚼字的教条主义。

《十七条宪法》是具备法律意义的道德训诫，训诫的对象正是从政的官吏。《十七条宪法》规定了当时的政治家应具备的政治修养。换言之，《十七条宪法》不仅仅是道德训诫，更是治国平天下之道，是政治纲领，因此也是政治训诫。它集中体现了圣德太子的政治理想、施政方针及施政纲领。《上宫圣德太子传补阙记》中有"太子即制十七条政事，修国修身事"，也说明了这一点。

近来，《史学杂志》上发表了一篇冈田正之的文章。这篇文章认为圣德太子的《十七条宪法》在思想、修辞上都能看到中国法家学说的影子。笔者认为此研究大有裨益。如果圣德太子在治国上不仅采纳了德治，也采纳了法治，那么《十七条宪法》就必然蕴含着法律及政治意

义。《十七条宪法》受到中国法家学说影响这一论述同时印证了《十七条宪法》寄托着圣德太子治国安邦的构想。

那么，圣德太子的治国理想是怎样的呢？这就涉及《十七条宪法》中最根本的一个事实。圣德太子推进政治改革，促使政治的核心聚焦朝廷，大权集中于天皇，为之后的大化改新铺垫了道路。上述内容都是《十七条宪法》的首创。

已故的小中村清矩在《令义解讲义》中引用石原正明的《冠位通考》一文，认为圣德太子制定的冠位十二阶不是晋升制，而是终身制，故官位终生不变，这与之后的位阶制不同。鞍作止利之所以能一跃登上大仁之位，是因为一种破格提拔机制。这种破格提拔机制用来嘉奖功绩显赫之人。小中村清矩认为这是特例，并在《令义解讲义》的注释中写道"理应有之"。但小中村清矩的观点恐怕是某种误解，既然已经有了赐予特殊功劳者位阶的事实，可见冠位十二阶分明是以晋升制为前提设计的。如果不能选贤任能，又何必大费周章取消氏族制度，而以冠位制代之呢？史料中之所以没有大量出现关于晋升的记载，是因为圣德太子在政治改革彻底拉开序幕前就不幸离世了。即便如此，《上宫圣德太子传补阙记》中仍有记载，在讨伐物部守屋之战中立下功劳的平群神手、秦河胜二人受到封赏。平群神手被赐予小德之位，秦河胜则被赐予大仁之位，这也是晋升制的一个证据。大化改新后，日本制定了七色十三阶冠位，晋升制位阶制度的确立正是对圣德太子思想的践行。冠位的制定是圣德太子政治改革的首要功绩，否定冠位制就等于否定圣德太子的政治作为，因此，有必要加以分辨。更多详情请参考下文《十七条宪法》第七条后半部分。

世上有许多非难圣德太子的言论，认为他有很多过失。然而，圣德太子对日本国体形成的重要贡献是无可争辩的。正是圣德太子的《十七条宪

法》，使日本中央朝廷成为政治核心，从而使天皇大权在握。对此重大政治改革视而不见，偏偏执着于旁枝末节的人，不知是何居心。

　　圣德太子之前的日本实行地方分权，是一种封建制体系。地方的国造诸侯拥有自己的土地、子民，天皇的权力无法直接触及地方土地、子民。京都附近还有称作伴造的谱代诸侯，他们同样拥有自己的土地、子民，不受天皇的直接支配。天皇直辖的土地、子民散在各处，被称为"官家之地"，好比德川幕府时代的将军领①。地方分权的历史由来已久，要想从根本上破除封建制，建立"普天之下莫非王土，率土之滨莫非王臣"的郡县制度，无异于登天。面对顽固的旧体制，圣德太子没有踌躇不决，而是果敢作为。在圣德太子的改革下，日本国体夯实了根基，开创了"天下百姓皆天皇之子民、天皇平等爱之治之"的局面。何人能不赞叹圣德太子的丰功伟绩呢？大化改新中禁止土地、人民私有的制度就是沿用了圣德太子《十七条宪法》的思想方针。

　　另外，还有一种错误认识，认为《十七条宪法》虽然披着宪法的外衣，实际上无外乎是佛教伦理。这些人误以为圣德太子为推广佛教而制定《十七条宪法》，故而见到《十七条宪法》中有许多儒教思想，便说这是窃取儒教思想。这些诡辩的儒者主要抓住《十七条宪法》的第二条，从而称其为伪饰成宪法的佛教伦理。除第二条外，只有第十条"共是凡夫耳"中的"凡夫"为佛教用语，儒者们还认为第十条明显是佛教的论调。然而，除此之外，《十七条宪法》中再没有佛教用语及佛教论调，所以仅凭上面两点怎么能称其为佛教教义的翻版呢？黄檗宗②的潮音认为，《十七条宪

---

① 将军领，即天领，日本江户时代江户幕府直辖地的俗称。此外还有幕府直辖领、德川幕府领、德川支配地、幕府领、幕领等称呼，以上皆非正式的历史学用语。——译者注
② 黄檗宗，日本三大禅宗之一，始于江户时代。——译者注

法》是圣德太子模仿《梵网经》十重四十八轻戒所作。此等附会之说本不足论。《十七条宪法》作为政治纲领，在德治时代加入一些道德训诫实属平常，这些道德训诫也采纳了儒家及法家的学说。而对佛教的吸纳，也是服务于构建治国之道这一根本宗旨，因此，《十七条宪法》第二条的内容并不足为奇。某些诡辩之辞将《十七条宪法》说成佛教教义的翻版，着实令笔者费解。

（中）

《日本书纪》记载，《十七条宪法》制定于推古天皇十二年（604年）四月，与冠位制度同年。冠位制度于正月颁布，《十七条宪法》则是四月：

> 夏四月丙寅朔戊辰，皇太子亲肇作《宪法十七条》。

"宪法"一词出自何处？久米邦武在《上宫太子实录》中断言道："宪法原出自象观之法。"每年正月，朝廷在王宫中门两侧的楼观，即阙，或叫宫阙、魏阙等处，悬挂绘有治、教、政、刑、事五象之法的告示图，敬告万民。悬挂告示图的地方就是"象观"，悬于魏阙中的五象之法即象魏之法。因此，《周礼》中有"宪谓表悬之"，象魏表悬之

法出自五官之长官①，并非帝王发令。因此，在这个意义上，《十七条宪法》亦非圣德太子诏令。当然，这只是久米邦武在已有研究的基础上得出的一种论断。冈田正之则认为，宪法的内容出自法家思想，《管子·七法》中就有"有一体之治，故能出号令，明宪法矣"。《国语》中也能找到与《十七条宪法》类似的内容。因此，《十七条宪法》与法家思想关系密切这个观点可谓入木三分。前面已经提到，将考察的重点放在"宪法出自太子"这点上有失偏颇，"太子制定宪法"只是《日本书纪》编纂者的措辞。圣德太子代替天皇制定宪法，诏示百官。因此，宪法应该被视为天皇敕令。

下面谈谈《十七条宪法》的条目数。冈田正之引用《管子》中的"天道以九制，地理以八制，人道以六制。以天为父，以地为母，以开万物，以总一统"，认为《十七条宪法》合并了天数九与地数八，以此包揽天地父母、天下一统。冈田正之论述中的"天阳之极数九，地阴之极数八"都是中国阴阳学中的内容，不光出自《管子》。此外，《淮南子》等书中也发现了类似内容。下面对《十七条宪法》逐条加以解说。

　　一曰，以和为贵，无忤为宗。人皆有党，亦少达者。是以或不顺君父，乍违于邻里。然上和下睦，谐于论事，则理自通，何事不成。

"以和为贵"出自《论语·学而》，"上和下睦"出自《礼记》。圣德太子认为政治的最根本要义是"和"，治理国家最要紧的是朝堂

---

① 五官为天、地、夏、秋、冬，五官主宰五象。春官不在此列。——原注

和合、上下一致，而结党营私、排斥异己将导致天下大乱。朋党比周是圣贤之人所摒弃的。据冈田正之研究，法家学说对朋党的规诫尤其多。《管子》中有"群官朋党，以怀其私，则失族矣"。此外，《韩非子》等书中也有许多类似内容。

《十七条宪法》巧妙借鉴儒家、法家学说，以圣贤经典为立论依据，并吸取大臣、大连倾轧互害的历史教训，警诫氏族制度的弊害。《十七条宪法》第一条踏出了政治改革的第一步。

> 二曰，笃敬三宝，三宝者佛法僧也。则四生之终归，万国之极宗。何世何人非贵是法。人鲜元恶，能教从之，其不归三宝，何以直枉？[①]

"四生"指胎生、卵生、湿生、化生。印度用"四生"囊括一切生物，即指一切众生。

"其不归三宝，何以直枉"体现了圣德太子视佛教为道德之根本，"和"为政治之根本，而"和"的根源在于佛教。僧侣在梵语叫"僧伽"，翻译过来就是"和合众"。儒家、法家思想是从外部约束，维持社会的阶级秩序，是一种政教；佛教则作用于人的内心，是立道之本，是一种法教。这也是圣德太子将佛教皈依之要放在第二条的缘故。

"四生之终归，万国之极宗"与明治天皇《五条誓文》的"求智识于

---

① 《群书类从》中"何人"处为"谁人"；《元亨释书》中"非贵是法"处为"不向是法"；《日本书纪》及其他文献中"鲜元恶"处为"鲜尤恶"。本书参考《圣德太子传历》《释书》中"能教从之"处为"能教乃化"；《拾芥抄》中"三宝者佛法僧也"一句为"三宝"的注解，其他书中也见此记法。——原注

世界"异曲同工。可见，佛教是当时的思想风向标。

　　　　三曰，承诏必谨。君则天之，臣则地之。天覆地载，四时顺
　　行，万气得通。地欲覆天则致坏耳。是以君言臣承，上行下效。
　　故承诏必慎，不谨自败。[①]

　　第三条中的"天覆地载"与《周易》中的"天尊地卑，乾坤定矣，卑
高以陈，贵贱位矣"相似。学者们大多认为此处引自《周易》。"君天
之"出自《左传》。同时，冈田正之在《管子》中也发现了类似语句，他
引证了"令行禁止，主之分也，奉法听从臣之分也。故君臣相与，高下之
处也，如天之与地也云云"，以及"君臣者天地之位也……上令下应，主
行臣从此治之道也"。

　　封建政体下，国造、伴造掌握着地方政权，这使天皇威严、四海统一
都难以保全。圣德太子励志改革政治，推动中央集权，因此，必须大力强
调天皇之威。第三条的主要目的就在于此。《大日本帝国宪法》中的"天
皇神圣不可侵犯"，与《十七条宪法》第三条可谓一脉相承。

　　　　四曰，群卿百僚，以礼为本。其治民之本要在乎礼。上不礼
　　而下非齐，下无礼以必有罪。是以君臣有礼位次不乱，百姓有礼

---

① 　《圣德太子传历》中"君则天之，臣则地之"处为"君则天也，臣则地也"；《日本书纪》
　　中"万气得通"处为"方机得通"，应该是误记。《日本书纪》等诸多典籍中"上行下效"
　　处为"上行下靡"，本文参照《类从本》。——原注

国家自治。^①

　　天皇为天，臣民为地，这是确立上下秩序之根本。天皇神圣不可侵犯的至高权力从此得以建立，下面各条都从此处出发。不难想象，在新文明尚未充分渗透的局势下，整顿上下秩序对政治运作来说十分有必要。政教旨在从外部约束人们的行为，从而治理国家，其思想发端于秩序井然，所谓礼也。因此，这项内容被放在了第三条的君臣大义秩序之后。久米邦武认为第三条、第四条是德治政治的根本，礼是儒家学说中阶级制度的理想形态。令久米邦武感到可惜的是，第三条中未能触及发扬天皇权力的内容。

　　　　五曰，绝餐弃欲明辨诉讼。其百姓之讼一日千事。一日尚尔，况乎累岁？顷治讼者，得利为常。见贿听谳，有财者之讼。如石投水，乏者之讼。似水投石，是以贫民则不知所由，臣道亦于焉阙。^②

　　"水投石，投水"出自《文选》之"如以水投石，莫之受也……如以石投水，莫之逆也"。
　　在司法、行政没有分开的时代，政治家的一大职责就是断官司。从

---

① 　《拾芥抄》中"群卿百僚"处为"群卿百寮"，应是通假字。"要在乎礼"中的"乎"字《拾芥抄》为"于"；"上不礼而下非齐"一句，《圣德太子传历》中没有"而"字，并且"非"字《圣德太子传历》记作"不"字；"是以君臣有礼"一句，《类从本》中没有"以"字。——原注
② 　《日本书纪》《拾芥抄》等书中"绝餐弃欲"处为"绝响弃欲"。"顷治讼者"中的"顷"字在《日本书纪》等诸典籍中为"须"；"见贿听谳"的"贿"字，《圣德太子传历》记作"财"。"有财者之讼"一句，《日本书纪》及其后诸典籍中没有"者"字。——原注

《十七条宪法》第五条可以推测当时的判决多有不公平的现象。圣德太子意在扫除之前的不良风气，创造一种真正服务于人民的政治司法体系。

> 六曰，惩恶劝善，古之良典。是以无匿人善，见恶必匡。其谄诈者，则覆国家之利器，为绝人民之锋刃。亦佞媚者，对上则好说下过，逢下则诽谤上失。其如此人，皆无忠于君，无仁于民，是大乱之本也。[①]

《十七条宪法》第六条劝诫奸佞谄媚。上面的第五条意在改变官员向下层民众实行职权时的不公正现象，而第六条中批判对待上级官员时的谄媚之症。向上谄媚之人必定向下苛待百姓，如此狡诈之徒从中作梗、祸乱朝纲，必然酿成祸患。

> 七曰，人各有任掌，亦不滥。其贤哲任官，颂音则起。奸者在官，祸乱则繁。世少生知，克念作圣。事无大小，得人必治，时无急缓，遇贤自宽。因此国家永久，社稷勿危。故古圣王，为官以求人，为人不求官。[②]

"克念作圣"出自《尚书》，"为官以求人，为人不求官"源自中国古语"为官举人，为人不设官"。

将官位授予具备相应资质的人是官位制度的宗旨，也就是"为官以求

---

① "绝人民之锋刃"一句，《日本书纪》等记作"锋剑"。本文引用《类从本》。——原注
② "大小"也记作"大少"。有些地方将"克"记作"剋"，应是误记。"为人不求官"一句，《日本书纪》中少了"为人"二字。——原注

人"。如果官位不能升迁，那么与氏族制世袭又有什么区别？如果不能升迁，将不会存在为民服务的制度，也就不能"贤哲任官，颂音则起"。氏族政治中，实行血统继承制，无才无德的氏族子弟也可以当官，此乃"为人设官"，终将导致"奸者在官"。《十七条宪法》第七条体现了圣德太子制定官位制的原委，在整部《十七条宪法》中与大化改新关系最密切。它展示了圣德太子冠位制的精神实质，一种以晋升机制为依托的人才选拔任用越发清晰。久米邦武也认为，第七条在"今天听来也许像是套话，但在当时无疑是警世良言"，蕴含着政治革新的深意。

　　八曰，群卿百僚，早朝晏退。公事靡监，终日难尽。是以迟朝不逮于急，早退必事不尽。[①]

　　"监"代表坚固之意，公事具有绵延的特点，因此官员需要具备坚定的意志。每天的早朝，能起到告诫的作用，使大臣们恪尽职守、励精图治。想必之前的大臣、大连时代，朝臣们的上朝时间也很随意。后来，早朝越发受到重视。天智天皇时期，开始置漏刻（计时器）、鸣钟鼓，约束朝臣们的集散时间。

　　九曰，信是义本。每事有信。其善恶成败要在于信。君臣共信何事不成，君臣无信，万事悉败。[②]

①　　"百僚"有时被记作"百寮"，乃误记。"公事靡监"的"监"字有时被记作"盐"。——原注
②　　《拾芥抄》《圣德太子传历》等书中"君臣"处为"群臣"，此处有一"共"字，想必君臣为正确表达。"君臣无信，万事悉败"的"无信"前面，《类从本》加了一个"共"字，为多出来的字。——原注

　　"信"表示临下公平应对、奉上杜绝谄媚。天子理当言出有信；而臣下在履行职务的过程中，如何使政务顺畅无阻、公务顺利展开，都取决于一个"信"字。这就是《十七条宪法》第九条的要义。

　　　　十曰，绝忿弃瞋不怒人违。人皆有心，心各有执。彼是则我非，我是则彼非。我必非圣，彼非愚，共是凡夫耳。是非之理谁能可定，相共贤愚，如环无端。是以，彼人虽瞋，还恐我失。我独，难得，从众同举。[①]

　　"忿"表示内心愤怒的情绪，"瞋"表示怒气显露的形态，即愤怒的行为，"忿"与"瞋"都源自"怒"。

　　摒弃瞋与怒，赞赏和与合，不要让愤怒颠覆"以和为贵"的政治之本。《十七条宪法》第十条与第一条实则表里一体，第十条也是极具佛教论调的一条。

　　　　十一曰，明察功过，赏罚必当。日者赏不在功，罚不在罪。执事群卿，宜明赏罚。[②]

　　《十七条宪法》第十一条规定了赏罚分明的要义。冈田正之引证《管子》《韩非子》等书分析道，儒家学说中虽然也有信赏必罚的内容，但

---

① 《拾芥抄》等书中"谁能可定"处为"讵能可定"，本条参照《日本书纪》。"环"有时被记作"锐"，"我独，难得"的"难"字在《日本书纪》等处被记作"虽"，"难"应为妥善表达。——原注
② 《日本书纪》中"罚不在罪"处为"罚不在罚"，显然是误记。——原注

德治重情理、轻刑罚，以教化为主；法治则罪罚兼备，以刑罚为主。因此，圣德太子的《十七条宪法》第十一条多半是受到法家学说的影响。例如，《管子》中有"用赏者贵诚，用刑者贵必，刑赏信必于耳目之所见，则其所不见，莫不暗化矣"，此类内容还有很多，此处不一一列举。

十二曰，国司国造，勿敛百姓。国靡二君，民无两主。率土兆民，以王为主。所任官司，皆是王臣。何敢与公赋敛百姓。[①]

《十七条宪法》第十二条涉及大化改新的构想，是最具现实意义的条目。从《十七条宪法》第十二条中可以看出，此前的时代，国司、国造等诸侯分封领地，对领地上的土地、人民有所有权，可以自由征税。而圣德太子在此宣称，具有征税权的只有天皇一人，禁止其他任何人征税，这无疑是向封建制宣战。大化改新以前，日本实际上没有国司制度，所以《十七条宪法》第十二条中出现的国造也许是对各地伴造的泛称。久米邦武认为国造始于成务天皇时期的国宰，负责管辖各领地的公民；有贺长雄则认为国造类似古代的地方巡查使，此说不大可信。第十二条宣称"普天之下莫非王土，率土之滨莫非王臣"，日本全体国民皆信奉天皇一人。伴造、国造等领主绝非人民之主。"国靡二君，民无两主"说明人民与伴造、国造绝非君臣的关系，伴造、国造也是天皇任命的官吏，皆为王臣。从这个意义上来讲，伴造、国造与一般百姓没有区别，怎么会有征税的权限呢？久米邦武解释道："警诫滥用职权，私敛赋税于公民。"国司、国造私敛赋税，乍听上去会以为他们向自己领地之外的公民征收了赋

---

① "国靡二君"的"靡"有时记作"非"，应该是略字；有时记作"弗"，乃错字。——原注

税，但日本全国皆归天皇所有，不得敛赋。因此，伴造、国造在自己的领地征收赋税同样属于私敛，不只是针对天皇御领（官家之地）的公民。以往，伴造、国造有权对其领地人民征税，如今圣德太子一道禁令剥夺了此权限。明治时期的废藩置县与圣德太子此举如出一辙，也与大化改新中"禁止土地、人民私有"相似。有贺长雄还讨论道，国造一直对土地、人民有所有权，可以任意左右民众的财产，其敛赋行为很难被禁止。因此，圣德太子只能另辟蹊径，规定全体国民皆为土臣，这样一来国造与一般百姓无异，敛赋就属于越权行为了。"率土兆民，以王为主"，强调天皇权力至高无上；"国靡二君，民无两主"更是豪言壮语，意味深长。《十七条宪法》第十二条绝不仅仅是学者们所说的字面意思，它更是立意深远，影响后世，旨在破除地方统治、建立中央集权的统一政治。《十七条宪法》第十二条最终成为废除封建私有制、建立郡县制的开端。

　　　十三曰，诸任官者，同知职掌。或病或使，有阙于事。然得
　　知之日，和如曾识。其以非与闻，勿妨公务。[①]

　　《十七条宪法》第十三条对官员的职责做出了规定。即便是与自己无关的政务，一旦知晓，就不可佯装不知，推诿逃避，而应主动分担。

　　　十四曰，群卿百僚，无有嫉妒。是以五百岁之后，乃遇贤，

---

① "和如曾识"的"和"字有时记作"知"，"勿妨公务"的"妨"在某书中记作"防"，以
　　上都是误记。——原注

千岁以难待一圣。其不得贤圣，何以治国。^①

"五百岁之后，乃遇贤"源自《孟子》的"五百年必有王者兴"。
"千岁一圣"与前文呼应，是新造词，并无出处。

《十七条宪法》第十四条劝诫嫉妒排挤的行为，此外并无其他深
意。此条与第十条都是对"以和为贵""绝忿弃瞋"的诠释。愤怒、嫉妒
会打破和，妒忌排挤使圣贤在世上无立足之地。历经百千岁，方得一圣
贤，这是多么可悲的事实。

　　十五曰，背私向公，是臣之道矣。凡人有私必有恨，有恨必
非同。非同，则以私妨公。恨起，则违制害法。故初章云，上和
下睦，其亦是情欤。^②

《十七条宪法》第十五条讲道，秉公办事应抛却私情。抛却私事、私
情，才能万众一心、成就事业。这与上和下睦也是一脉相承的。

"背私向公"与《左传》的"以私害公，非忠也"及《公羊传》的
"不以家事辞王事，以王事辞家事"意思相同。冈田正之分析道，论述复
杂的公私关系一直是法家的传统，因此，第十五条可以说受到法家学说的
影响。冈田正之还引证《韩非子》中的相关内容。《左转》原本也受到法
家的影响。

---

① 　《日本书纪》中"群卿百僚"处为"群臣百寮"，"五百岁之后"处为"五百之后"。《拾
　　芥抄》等书中"乃遇贤"处为"令遇贤"。——原注
② 　"凡人有私必有恨"中的"凡人"，《日本书纪》中记作"凡夫人"。"有恨必非同"的
　　"同"字某书记为"固"；"故初章云，上和下睦"的"上和下睦"，有时记作"上下和
　　睦""上下和谐""上和下谐"等。——原注

十六日，使民以时古之良典。故冬月有间，以可使民。从春至秋，农桑之节，不可使民。其不农何食，不桑何服。

"使民以时"出自《论语》。

当时，朝廷兴工动土等各种劳役都由人民承担，徭役是征税的一部分，称为"庸"。"庸"就是"用"，将人民的劳动力视为一种税收。《十七条宪法》第十六条告诫为政者如何正确使用这种劳动力税收。大化改新以后，"庸"从提供劳动力变成了上缴布料。

十七日，大事不可独断，必与众宜论。小事是轻，不可必与众。唯逮论大事，若疑有失，故与众相辨，辞则得理矣。①

第十七条源自《尚书》的"弗询之谋勿庸"。
重大事件必须众议决策，小事则反之，可灵活处置。

---

① 某些书中将"大事不可独断"的"大事"记作"夫事"，将"独断"记作"独辨"，都是误记。本文参照《类从本》。——原注

（下）

以上就是关于圣德太子《十七条宪法》的全部略解。《十七条宪法》文字质朴、含蓄深远，糅合了儒、佛、法诸家思想及俗语智慧，最后自成一体。《十七条宪法》描述了圣德太子的政治理想，并且针砭时弊，鉴往知来，为随后的大化改新做了充分的铺垫。诠释《十七条宪法》绝非易事，笔者在斟酌诸家说法的基础上又加入一些自己的看法。冈田正之的研究尤其新颖，他发现《十七条宪法》中有法家思想的影子。笔者从中获益匪浅，心存感激。冈田正之认为圣德太子"并用儒、佛二教忠厚宽恕之心，法家刑名综合之说"，此言不差。但笔者认为更贴切的解读应该是"以儒、法整外，以佛教养内"。

至于《十七条宪法》的文笔，有贺长雄说"《十七条宪法》汉文不畅"，批评其文辞拙劣。而斋藤拙堂评价其为奇古文体、汉魏遗风，冈田正之则将其与先秦文字作比较。学者们所持标准不同，判断各异，但"文

辞拙劣"的说法显然是荒唐的。更有甚者称圣德太子将和文硬译成了汉文，此等痴言，笔者着实不知从何处反驳。

考 证
天寿国曼荼罗绣帐铭文的解读

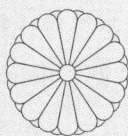

以下是根据语法结构、加入标点符号后的铭文：

斯归 _{（矶城岛）}斯麻宫治天下天皇名阿米久尔天国排开广庭尊_{（钦}_{明天皇）}意斯波留支比里尔波乃弥己等。娶巷奇苏我大臣名伊奈稻目宿祢米足尼女名吉多斯坚盐媛尊比弥乃弥己等，为大后。生名多至波名等橘丰日尊_{（用明天皇）}己比乃弥己等。妹名等己弥居丰御食炊屋姬尊_{（推古天皇）}加斯支移比弥乃弥己等。复娶大后弟名乎阿尼小姊尊乃弥己等为后。生名孔穴穂部部间人公主。斯归斯麻天皇之子。名蕤奈久罗乃布淳中仓太珠敷尊_{（敏达天皇）}等多麻斯支乃弥己等。娶庶妹名等己弥居加斯支移比弥乃弥己等为大后坐乎沙多译山田宫治天下。生名尾治王，多至波奈等己比乃弥己等娶庶妹名孔部间人公主为大后坐滨边宫治天下。生名等己刀弥弥乃弥己等。娶尾治大王之女，名多至波奈大女郎为后。岁在辛巳十二月廿日癸酉日入。孔部间人母王崩，明年二月廿二日甲戌夜半太子崩。于时多至波奈大女郎悲哀叹息。白畏天皇前曰，硌之虽恐怀心难止，使我大王与母王如期从游。痛酷无比，我大王所告。世间虚假，唯佛是真。玩味其法，谓我大王应生于天寿国之中。而彼国之形眼所巨看悕因图像。欲观大王往生之状。天皇闻之，悽然告曰，有一我子所硌，诚以为然。敕诸采女等造绣帷二张。画者东汉末贤，高句丽加西溢。又汉奴加己利，令者椋部秦久麻。

铭文大意为：

钦明天皇定都在矶城岛，他被尊为天国排开广庭天皇和阿

米久尔意斯波留支比里尔波乃弥己等天皇。钦明天皇娶大臣苏我稻目之女坚盐媛为妻，生下了用明天皇和推古天皇兄妹。后又娶苏我稻目另一个女儿小姊尊为妻，生下崇峻天皇和穴穗部间人皇女。用明天皇娶表妹^{（同时也是同父异母的妹妹）}穴穗部间人皇女为妻，生下圣德太子。敏达天皇娶额田部皇女^{（即后来的推古天皇）}为妻，生下了菟道贝鲔皇女。圣德太子娶堂妹菟道贝鲔皇女为妻，后娶尾治大王之女多至波奈大女郎为后。621年12月20日圣德太子之母间人皇后驾崩，太子妃膳大郎女于翌年^{（622年）}2月21薨，圣德太子于翌日22日薨。世间一切皆为虚假，只有佛法为真。圣德太子应生存于天寿国^{（极乐净土）}中。通过此曼荼罗可以用肉眼看到圣德太子往生的样子，为此特命采女做成绣帐两幅。